JM009168

# はじめに

北海道は明治から、九州・筑豊地方に次ぐ「産炭地」として、わが国の石炭の約３分の１を産出してきた。

なかでも石狩炭田南部に位置する夕張市は明治中期に炭鉱の町として開発され、国内有数の炭鉱都市として発展した。

1960（昭和35）年には北海道炭礦汽船（以下・北炭）の夕張・平和、三菱大夕張の３大鉱業所を中心に、夕張製作所（鉱山・産業機械製造、後の北炭機械工業）、北炭化成工業所（コークス・化成品製造）などの関連産業も発達し11万７千人の人口を抱える都市となった。

エネルギー革命の中、石炭産業の合理化が進み中小炭鉱の閉山が続く中、大手炭鉱に生産を集中させることにより昭和40年代末にかけて出炭量においては、年間400万t以上の鉄鋼用原料炭を産出する、わが国有数の原料炭供給基地として成長した。

前後にSLを連結し、平和駅から一旦若菜方に後退して錦沢への勾配に挑む石炭列車。
1974.8.29　平和　P：古村 誠

しかし、輸入炭に対し割高な国内原料炭は鉄鋼業界から敬遠され1990（平成2）年の三菱石炭鉱業（株）南大夕張鉱業所の閉山で、夕張からヤマ（炭鉱）は消えた。

夕張炭田の中心をなした北炭は、三井グループの有力企業として炭鉱のほかに機械工業、建築・土木、運輸・観光、放送・サービス等と多くの企業グループを形成していた。

1926（大正15）年に開業し、夕張炭田と札幌地区を直結し北海道最大規模の地方鉄道に発展した夕張鉄道もそのひとつである。

また、各炭鉱には角田炭砿専用鉄道、北炭真谷地専用鉄道等の専用鉄道・専用線もあり車両の乗入れ、譲渡など相互に関係が深かった。

今回は炭鉱とともに歴史の彼方へ消え去った、夕張鉄道の記録を書き留めたい。

# 1. 夕張鉄道の歩み

## 1.1 夕張炭田の開発

志幌加別川上流の夕張市高松(現在の夕張市石炭博物館付近)の二十四尺に及ぶ石炭大露頭。1888(明治21)年5月に道庁技師坂市太郎が幌内方面より夕張炭田を調査、探索し発見したのがこの大露頭であった。

この大露頭発見が炭都・夕張の第一歩であった。1889(明治22)年11月、政府より幌内炭鉱と鉄道の払下げを受け設立された、北海道炭礦鉄道会社(北炭の前身)は1890(明治23)年6月に夕張採炭所を設置、岩見沢・室蘭間の室蘭線の建設とともに夕張に至る支線の建設に着手した。

室蘭線は1892(明治25)年8月1日、夕張支線は同年11月1日に開通したが、路線は当初の馬追村(現在の由仁町)から分岐し角田からの山越えルートから、追分より分岐し夕張に至るものとなった。

鉄道の開通により夕張炭鉱は発展を遂げるが、この路線変更は「無届変更」として、後に掘基北炭社長が辞任する政治問題にも発展した。

■夕張鉄道案内 1937(昭和12)年

## 1.2 夕張鉄道株式会社設立

明治から大正にかけて、周辺炭鉱（大夕張・真谷地等）の開発も進み、由仁町川端からの火山灰輸送も加わり1906（明治39）年10月に国有化された夕張線の輸送力は逼迫、1912（大正元）年から1919（大正８）年にかけて合名会社橋本組により複線化工事が行われた。

北炭は石狩石炭（株）を1920（大正９）年１月に合併し夕張炭鉱に隣接する鉱区を、若菜辺砿とするなどして、規模を拡大。一方登川村も1919（大正８）年４月に夕張町として町制を施行するなど炭鉱の発展とともに人口も順調に増加した。

そこで北炭では坑内充填用火山灰などの事業用物資・石炭、および旅客の輸送と札幌・小樽への短絡を目的として1920（大正９）年６月、当時の北炭会長団琢磨ほか７名が発起人となり夕張鉄道の設立が企画された。

1921（大正10）年10月15日には北炭３万株、三井合名１万株、宮内庁５千株、角田村（現在の栗山町）５百株その他の出資により資本金300万円、社名を夕張鉄道株式会社として定款を作成、同24日に夕張鐵道株式会社創立發起人八名により、「今般私共發起人ト相

資料所蔵：奥山道紀

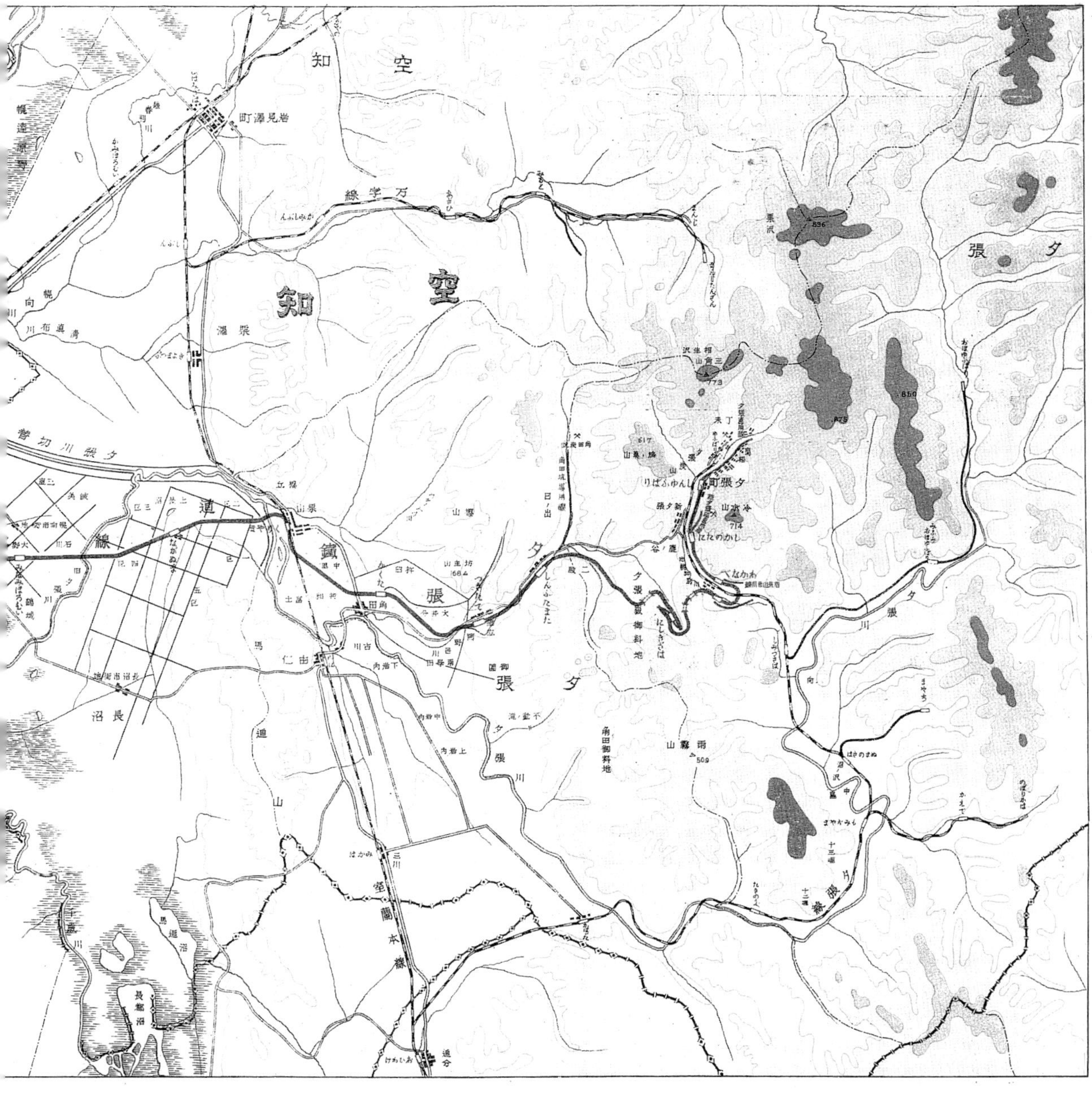

夕張鉄道第二隧道付近の建設工事の模様。

1925年頃

P所蔵：夕張市石炭博物館

成北海道國有線栗山驛ヲ起點トシタ張二達スル本線延長十六哩同支線六哩ノ鐵道ヲ敷設シ旅客貨物ノ運輸業ヲ経營致度候間御免許被成下度別紙書類及圖面相添ヘ此段申請候也」として「蒸気鐵道敷設免許申請書」(角田村～夕張町(栗山・新夕張)間・角田村～由仁村間地方鉄道敷設免許)を鉄道大臣宛提出し、1922(大正11)年７月７日に免許(監第1185号)を受け路線実測調査に入った。

1924(大正13)年１月19日には夕張鉄道株式会社設立総会が開催され、同年８月21日に鉄道敷設工事認可(監第1830号)を受け８月31日起工式を若菜辺で挙行し、９月１日より新夕張～栗山間30.2kmの鉄道敷設工事に着手した。

鉄道の敷設工事は鹿ノ谷～熊の沢間の一部と鹿ノ谷～若菜辺間の2.2kmは既設の専用鉄道を転用したが、夕張線を横断する高架築堤や、新二岐～若菜辺間で夕張山地の西縁を横断するため、３本のトンネルとスイッチバックが建設され、錦沢信号場が設置された。

また栗山～新二岐間については1901(明治34)年10月に敷設、その後北炭が買収した旧二股炭礦馬車軌道跡に沿って敷設された。

工事は北炭との縁で鹿島組が特命受注したが、栗山周辺でのバラスト採取等には角田村青年団も従事した。

当時の北海道内の鉄道建設は、所謂土工部屋が設置され悲惨な労働状況が記録されているが、夕張鉄道の建設工事においてもそれは例外でなかった。

1925(大正14)年12月29日に新製のコッペル１・２が栗山に到着(T15.8.26竣功届・夕本外第265号)、更に翌1926(大正15)年10月に日立製1Dテンダ11～13(T15.10.9竣功届・夕本外第308号)が入り、14日には総工費3,609,000円で新夕張～栗山間30.2km(T15.10.13運輸営業開始認可・監第2810号)が開業、同17日には鹿ノ谷で鉄道落成祝賀会が挙行された。

10月14日付の北海タイムスでは「栗山から夕張への夕鉄愈よ本日開通」「追分經由に比して二十一哩余短

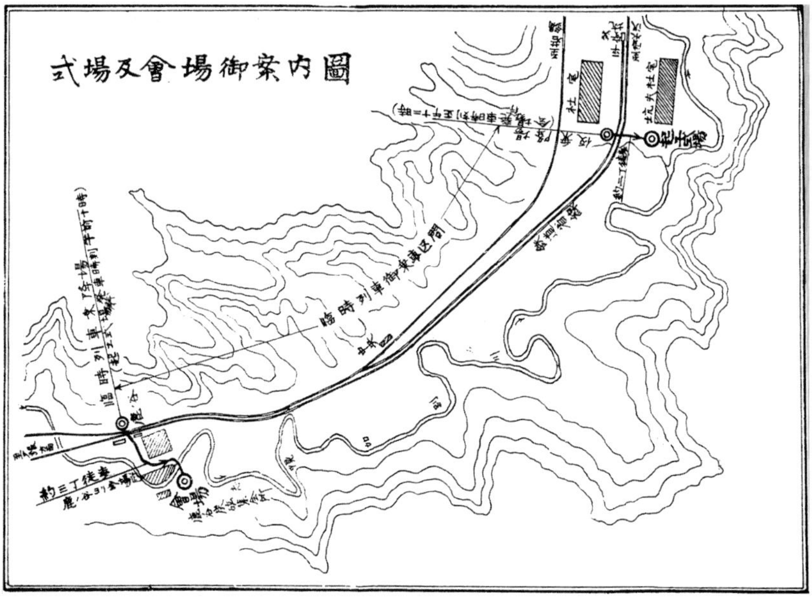


夕張鉄道起工式会場案内図　1924年

資料所蔵：栗山町開拓記念館

志幌加別川の暗渠上を行く工事用列車。
1926年頃　若菜－平和　P所蔵：夕張市石炭博物館

建設中の第２夕張川橋梁。
1930年　出典：ゆうてつ50年のあゆみ（夕張鉄道発行）

縮」「貨客運輸上頗る便利」と報じられている。

栗山～鹿ノ谷で省線に接続、同区間に角田、継立、新二岐、若菜辺の４駅と錦沢信号場が設置された。

また、鹿ノ谷・若菜辺で既設の熊の沢専用鉄道（後の新夕張炭砿専用鉄道）、若菜辺専用鉄道に接続され石炭の搬出がなされた。開業間もない10月22日には錦沢信号場～若菜辺間で石炭車が転覆したが、間もなく復旧した。

1927（昭和２）年１月には新夕張駅に接続する北炭夕張炭砿専用鉄道（2.6km）も開通し坑内充填用火山灰などの事業用物資の輸送が行われた。

角田村～由仁村間については火山灰採取地の移転等種々の都合により未着工のまま免許を失効した。

一方、夕張線は夕張鉄道の開業により火山灰輸送と、石炭輸送の一部が夕鉄線経由となり、さらに昭和恐慌による経済活動の停滞も加わり、1932（昭和７）年には再び単線に戻された。

開業当時の錦沢駅。３段式スイッチバックの中段に位置する。
1930年
P出典：全線完成記念写真帖
（夕張鉄道発行）

夕張鉄道開業当時の省線跨線橋。下は鉄道省（国鉄）の夕張線。右端の線路は若菜辺専用線（南坑線）。
1930年
P出典：全線完成記念写真帖（夕張鉄道発行）

開業当時の錦沢駅。
1930年　P出典：全線完成記念写真帖（夕張鉄道発行）

開業時の新夕張駅（後の夕張本町駅）。現存するJR石勝線の新夕張駅（旧国鉄夕張線紅葉山駅）とは無関係である。
1930年　P出典：全線完成記念写真帖（夕張鉄道発行）

## 1.3 野幌延長

既に1925（大正14）年７月21日「當會社ハ旅客及貨物運輸ノ利便上」として江別～栗山間の「蒸気鐵道敷設免許申請書」（夕本外第340号）が鉄道大臣宛に提出されていたが、新夕張～栗山間開業により沿線町村でも様々な期待が高まった。

1926（昭和元）年12月、江別町と同夕張鉄道期成同盟会は連名で、鉄道大臣井上匡四郎にあて請願する。

「岩見沢ヲ迂回セズ直ニ江別駅ニ直通スルヲ以テ距

栗山駅南方の、室蘭本線を越えるための跨線橋。
1930年
P出典：全線完成記念写真帖（夕張鉄道発行）

蒸気機関車11 号機に牽かれ、野幌に到着した夕張鉄道の混合列車。
1949.11.29　野幌
P：江本廣一

ニ於テ十里ヲ短縮シ（中略）江別駅ヨリ石狩川の水運ニヨリ上流樺戸月形方面下流石狩港ニ輸送スルノ便宜ヲ得ルニ止ラス産業上将夕又拓殖上極メテ重要ノ問題ナリトス（中略）」（江別市保存文書）。

一方長沼村も延長は同村の中央を横断し栗山～北広島間とするよう同じく鉄道大臣に請願したが、結局軍配は江別側に挙がった。

1927（昭和２）年12月５日には江別～栗山間19.9kmの鉄道敷設免許（監第2609号）を受けたが、その後江別駅近辺の地盤が泥炭層で悪いとの事で、1929（昭和４）年５月８日鉄道敷設免許（監第1443号）を変更、栗山～野幌間23.0kmとして７月28日に栗山の夕張川河畔で起工式を行い延長工事に着手、同年８月に資本金を600万円に増額した。

「江別町事務概況」（昭和５年）には「夕張鉄道江別栗山間延長敷設ハ町民ノ熱望スル所ナリシカ　種々ノ関係上野幌駅ニ接続ノ止ムナキ事情ニ至リ」とあり、この点について江別市史では、野幌駅周辺に北炭が広大な社有地を所有していることが路線変更のもうひとつの理由としており興味深い。

1930（昭和５）年10月には同区間を完成させ11月３日野幌、上江別、晩翠、南幌向、長沼の各駅を開業、新夕張～野幌間53.2kmが全通した（S5.11.1野幌・栗山間営業開始認可・監第4199号）。

これにより夕張と札幌～小樽間の距離は追分・岩見沢経由より50.3km短縮された。

しかし世界的な金融恐慌や、同年７月に若菜辺砿が閉山したため輸送量が減り、欠損を続け政府の地方鉄道補助法や北海道拓殖鉄道補助法により、多額の補助金を受けながら５分の配当を維持した。

1938（昭和13）年８月には平和炭鉱の開鉱により平和砿専用鉄道（1.1km）の接続駅として平和貨物駅が設置され、その後の戦時増産も加わり順調に貨物輸送量が増加した。

また、北炭の事業拡大に伴い新二岐駅に接続する角田炭砿専用鉄道（4.7km）が1934（昭和９）年４月に、若菜辺駅に接続する北炭化成専用鉄道（0.9km）が1936（昭和11）年、さらに夕張製作所専用鉄道（0.4km）が1940（昭和15）年２月に運輸開始した。

1941（昭和16）年７月25・26日には、照宮成子内親王（昭和天皇の長女）の夕張訪問に際して、御乗用列車が12のけん引で野幌～鹿ノ谷、鹿ノ谷～栗山間で運行された。

夕張町は順調に発展し戦中の1943（昭和18）年４月に市政施行。夕張市となった。

戦後の1946（昭和21）年になると戦争中の無理な増産や、徴用された労働者の帰還により出炭量が減り、輸送量は激減したが、幸いにも交互計算で国鉄に貸越となっていた運賃の返済を受けながら経営を維持した。

また財閥解体により一時北炭との資本系列が断たれ、本社も1947（昭和22）年６月15日に東京から夕張に移転している。

客貨分離に伴い導入された新造気動車。右が1952(昭和27) 年入線のキハ200形、左が翌1953年入線のキハ250形。ホームでは立ち食いそば店が営業している。
1963.8　栗山　P：中西進一郎

## 1.4 気動車導入とバス複合輸送

しかし「傾斜生産方式」による炭鉱・製鉄業に対する重点的な政府資金の投入や、1950(昭和25) 年６月に勃発した朝鮮戦争により石炭の輸送量も次第に回復し、1948(昭和23) 年８月には蒸気機関車を増備、また他地区との旅客の往来も多くなると、1951(昭和26) 年３月には急行列車(同年12月には休止) も設定され、９月には資本金を1,600万円とした。

続いて1952(昭和27)年５月にはキハ201・202の気動車２両を導入し本格的な客貨分離に着手(S27.7.25ダイヤ改正・S27.11.25 内燃動力併用認可)、翌1953(昭和28) 年１月には資本金を2,500万円として、８月には更に北海道初の新鋭液体変速式気動車キハ251を導入、同車は国鉄に貸し出され千歳線上で公開試運転を行うなど北海道における気動車化のパイオニアとなった。

気動車導入に伴い1952(昭和27) 年４月25日開設の礦業所前を皮切りに営林署前、末広と停留所を増設、1954(昭和29) 年１月には新夕張を夕張本町、若菜辺を若菜、長沼を北長沼に改称した。

また、鉄道路線の補完として1952(昭和27) 年７月に夕張～栗山間の一般乗合旅客自動車運送事業免許を取得し、８月１日夕張～栗山間一般乗合旅客自動車の運行を開始した。

一方、1955(昭和30) 年９月札幌～夕張間の直通バス路線については夕張鉄道、国鉄、北海道中央バス、夕張バス４社の競願となったが中央バス、夕張バスに免許が交付され、1956(昭和31) 年９月より直通バスが運行されることとなった。

夕張鉄道では旅客の流れから、列車＋バスでの札幌乗り入れが企画され、1956(昭和31) 年９月20日上江別～札幌大通間の一般乗合旅客自動車運行を開始、12月１日には野幌～上江別間に野幌バス停留場を開設。列車からの乗継客の利便を図った。

夕張～栗山間の鉄道を補完するバス路線が新設された。栗山駅前の夕鉄バス停留所に待機する日野BH。
1955年頃　栗山駅前　P所蔵：栗山町開拓記念館

夕張～栗山間のバス路線が開設された当時の車両。
1952.8.1　夕鉄バス車庫
P出典：ゆうてつ50年のあゆみ(夕張鉄道発行)

夕張鉄道の建設工事に従事する大勝号。1924(大正13)年11月着工、1926年8月竣工の第一隧道にて。
1925年頃　P所蔵：夕張鉄道

## 1.5 大勝号

弁慶号・静号などの7100形式を模倣して北海道炭礦鉄道手宮工場で1895(明治28)年４月に製造された大勝号(7150形式7150号←北海道炭礦鉄道ト形30号)は、国産の蒸気機関車としては第２号機となる記念すべき車両である。

1906(明治39)年の鉄道国有化後は一線から退き、手宮駅構内の入換えなどに活躍したが、1918(大正７)年には古巣の北炭に払い下げられ、夕張線川端駅に接続する火山灰採取線や夕張鉄道新夕張～栗山間の建設工事に使用され、その後は北炭継立専用鉄道(火山灰採取線)で活躍、同線の廃止後は機関庫で休車となっていた。

準鉄道記念物に指定され小樽市総合博物館に保存されている7150形蒸気機関車「大勝号」。　2022.9.11　P：奥山道紀

1941(昭和16)年には苗穂工機部で整備され、夕張製作所練炭工場(1946年に化成工業所として独立)で入換に活躍した。

1951(昭和26)年頃には再び休車状態となり、「私が夕鉄に入社した昭和26年４月当時には、機関庫の砂焼場の横に無火で置かれていた」(元指導助役・柴原新平氏)とされ、荒れた姿で放置されていた。

その後関係者の働きかけもあり、1954(昭和29)年には国鉄に寄贈され整備の上、北海道大学植物園で保存・展示されることとなった(現在は小樽市総合博物館に保存)。

## 1.6 幻の新路線

1956(昭和31)年10月１日には、1940(昭和15)年10月１日に鹿ノ谷を経由せずに平和炭鉱から清水沢方面への石炭輸送を目的に免許を受けた、若菜辺(実際には平和砿専用鉄道終点)～清水沢間4.6kmの新線建設免許も失効した。

夕張鉄道は、同区間以外にも鉄道敷設計画があった。1935(昭和10)年には、上江別～江別間および上江別 ～石狩間の鉄道敷設免許を申請したが、10km以上に渡って石狩川堤防上に線路を敷設するという計画に対して河川を管轄する北海道庁土木部河港課より多くの照会を受け、1939(昭和14)年には上江別・対雁・当別太・篠路・花畔・石狩を結ぶ31.0kmと上江別～江別間1.6kmに計画を変更した。

これについても石狩港築設計画の具体化まで保留するのが妥当との北海道庁の判断により、1943(昭和18)年に申請書類を差し戻された。

■札幌急行電鉄　路線図　　出典：『えべつ昭和史』(平成７年３月　江別市)

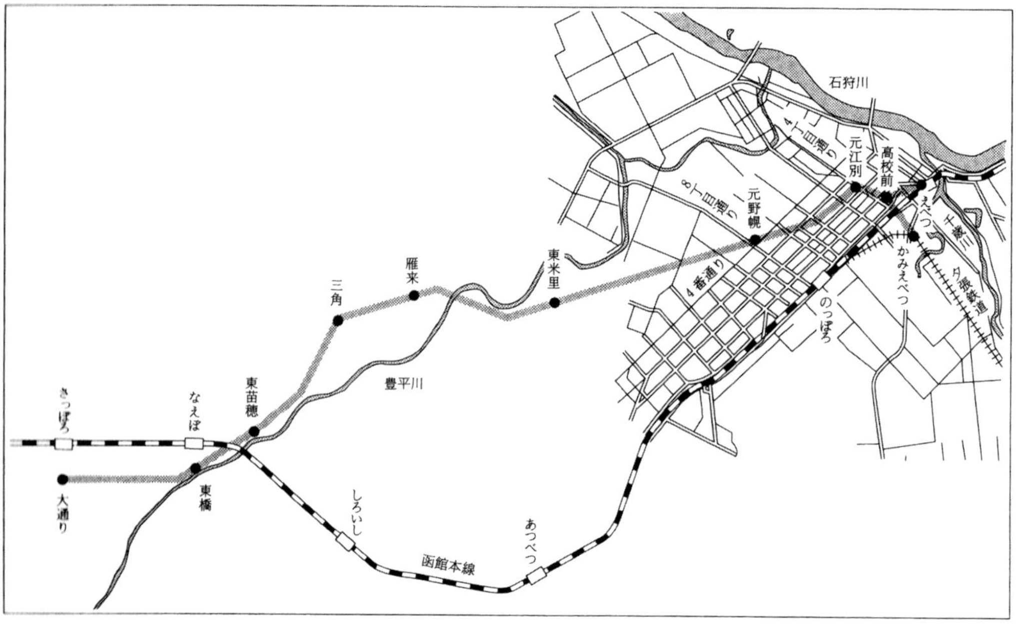


## 1.7 東急と札幌急行電鉄

戦後、石炭増産に伴う沿線人口増加により、旅客の流れから夕張鉄道の札幌駅直通乗り入れは大きな課題となった。

1949(昭和24) 年には「夕張鉄道は夕張市並沿線各町村の急激なる発展膨脹に伴い最近旅客頓に増加し将来逓増の趨勢にあり、其の終着駅野幌の省線接続の混雑は将に殺人的にしてこれが緩和を図り輸送の合理化を期するは刻下の急務なりと信ず特に本線を利用する町村は夕張市を始め栗山町、長沼村、幌向村及江別町一市四町村の広汎なる地域に跨り其の人口約二十万に達し乗客の殆んど大部分は札幌市に用務を帯ぶるを以て沿線と札幌市との関係は極めて密接なるものあり、現在の分岐点野幌駅と札幌駅とは僅か二十粁の短距離にあるを以て本線を札幌又は苗穂駅迄延長乗入れをなし交通難緩和の意志なきや政府当局のこれに対する所見を問う」(第５回国会・特別会　質問第八十九号　夕張鉄道の札幌駅又は苗穂駅乗入に関する質問主意書　昭和二十四年五月十一日　参議院議長　松平恒雄殿・小林米三郎)との国会質問もなされている。

1956(昭和31) 年９月に自社バスにより札幌乗り入れを形ながら果たした夕張鉄道だが、定山渓鉄道が苗穂から札幌駅乗り入れを行っており、夕張鉄道も同様に野幌から札幌への列車乗り入れを希望し、国鉄札幌鉄道管理局との間で何度かの話し合いが持たれた。

一方、1957(昭和32) 年10月に定山渓鉄道の親会社となった東急社内に札幌付近陸上交通機関整備委員会が設置された。同年８月12日の北海道新聞には「いよいよ具体化の気配　五島構想　札幌急行電鉄」とあり、委員会では定山渓鉄道の複線化ならびに中山峠方面への路線延長と札幌乗り入れ、および資本金６億円で「札幌急行鉄道」を設立して札幌～上江別間20.5kmの地方鉄道を新規開設し、上江別から夕張鉄道線に乗り入れて、札幌から夕張までを直結させる事が決まった。東急は早速夕張鉄道の親会社である北炭と共同で設立にとりかかり、免許申請を行った。

東急は、札幌市内を地下鉄で建設し、この新設鉄道を鎹にして定山渓鉄道・夕張鉄道の一元化を図り一大私鉄網を築いて、北海道振興に寄与する事を最終目的としていた。

しかし、その後東急社内では五島慶太社長の急逝や、当時建設を進めていた「伊豆急行」の開業遅延など状況が変化し、札幌急行鉄道の新規開業は投資効果が希薄であり、不採算事業となるだけであると判断されて、新会社は設立されず、免許申請も取り下げてしまった。

結局、夕張鉄道では1956(昭和31) 年７・８月とその翌年に運行された海水浴客臨時列車を除き、念願の札幌や国鉄線への直通乗り入れは幻に終わった。

一方、1964(昭和39) 年４月国鉄室蘭本線栗山～栗丘間が土砂崩壊により不通になった際には国鉄準急「夕張」(709D・710D) が野幌～栗山間を経由して運行するなど、戦前・戦後を通じて災害時には国鉄函館・室蘭本線の迂回ルートとして機能した。

輸送力増強のため国鉄より譲り受けた夕張鉄道21形（国鉄9600形）の25号（旧49694）。　1967.3.5　平和　P：荻原俊夫

## 1.8 平和炭鉱の増産と機関車増備

1955（昭和30）年10月に「石炭鉱業合理化臨時措置法」が施行され、石炭から石油への「エネルギー革命」が進行すると、各地で中小炭鉱の整理が始まった。

製鉄高炉用原料炭を産出する夕張鉄道沿線では一部劣等鉱区が第二会社等（夕張鉱業所第三砿→新夕張炭鉱（株）・平和鉱業所角田砿→角田炭鉱（株）新二岐炭砿）に分離された他は、好調な原料炭需要に支えられながら夕張鉱業所、平和鉱業所ともに新たな立坑の開削などの合理化を実施し、生産の集中を図った。

これに伴い夕張鉄道でも輸送力の増強が求められ21（国鉄9600）形の増備がなされ、11形や小型のコッペル1・2は順次小運転や入換えに転じ、創業以来のコッペル1・2は1965（昭和40）年5月に廃車された。

また1964（昭和39）年7月1日に野幌バス停留所を北海鋼機前に改称、同年9月には北海鋼機専用線（0.5km）が運輸開始した。

国鉄9600形の夕鉄21形は8両導入された。機関庫で憩う23号と28号。
1966.9.21　鹿ノ谷機関区
P：川村高志

1961(昭和36)年9月には気動車による急行列車が運転開始された。夕張本町駅で出発式典が行われ、キハ301＋302の2両編成が送り出された。

1961.9.1
P所蔵：夕張市石炭博物館

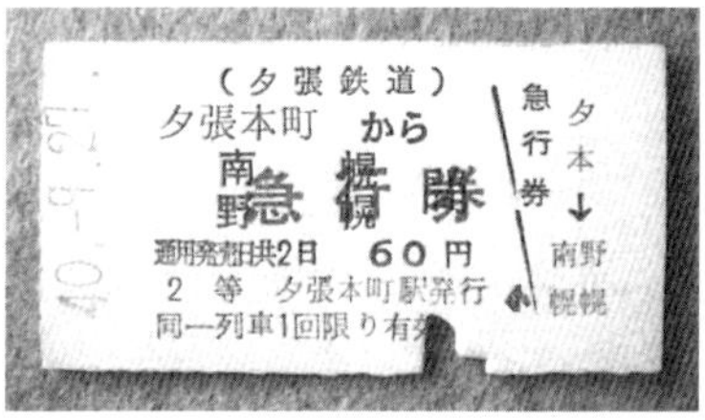


急行列車は当初は無料であったが、後に急行券が必要となった。
所蔵：奥山道紀

DC急行運転開始式
1961.9.1　夕張本町　P所蔵：岡垣幸一

一方旅客については気動車の増備が進められ、1958(昭和33)年8月にはキハ300形2両を増備した。

1961(昭和36)年9月1日より国鉄の準急「夕張」に対抗して急行列車の運行を開始した。

当時の新聞には「夕鉄のドル箱に　札幌、夕張間に急行列車」「夕張－札幌間を一時間三十七分で結ぶ夕鉄急行列車が九月一日から運行を開始した。途中栗山など五ケ所に停車するが、いずれも三十秒から一分、時速も四十九・一キロといままでよりスピードアップして料金は普通列車並みというサービス」(北海道新聞・昭和36年9月2日)と報じられているが、後に急行料金(35km未満30円・35km以上60円)が設定された。

1963(昭和38)年6月1日には1往復残っていた混合列車を廃止して客貨分離を完成した。

しかし貨物輸送量の増加に対し、鉄道旅客についてはは1963(昭和38)年10月1日に夕張市内線・急行札幌線を運行していた同じ北炭系列の夕張バス(株)を吸収合併(鉄監第936号)したことにより、乗換無しで札幌大通りに直通するバスに重点が置かれ、1967(昭和42)年10月1日改正では急行列車を廃止、急行札幌線バスの8往復への倍増により鉄道からバスへのシフトが進んだ。

また1958(昭和33)年7月には資本金を1億円に、1963(昭和38)年10月には1億1千万円としている。

その後も栗山～夕張間に関しては旅客のバスへの転換が進み、1970(昭和45)年12月10日改正では全線直通列車は1往復(下りは鹿ノ谷まで)となり、1971(昭和46)年11月15日には栗山～鹿ノ谷間旅客営業廃止、鹿ノ谷～夕張本町間鉄道営業廃止となった(S46.11.1日　鉄監第618号)。

栗山～夕張本町間旅客営業最終日の夕張本町駅。
1971.11.14　P所蔵：岡垣幸一

旅客列車縮小の一方で、貨物輸送合理化のために導入されたディーゼル機関車２両（DD1001・1002）。写真は鹿ノ谷機関区で行われたDL入魂式。
1969.4.21　P所蔵：岡垣幸一

## 1.9 合理化の進展と鉄道廃止

夕張鉄道では、鉄道部門の長期的な縮小に対応し1962（昭和37）年５月に第一タクシー（夕張）を傘下に収め、江別地区での夕鉄ハイヤー創業、千歳バスとの業務提携など経営多角化を推し進めたが、1970（昭和45）年７月には経営方針の転換によりタクシー会社を売却した。

貨物輸送量は1966（昭和41）年度に202万t（私鉄統計年報）と最大輸送量を記録したが、その後は1968（昭和43）年７月の平和炭鉱事故、1970（昭和45）年４月の角田炭鉱閉山、1972（昭和47）年４月の新夕張炭鉱閉山などにより、150万t前後を増減する。

しかし安定的な生産を続ける平和炭鉱の輸送力確保と、蒸気機関車廃止による運転経費の削減を目的として1969（昭和44）年４月に国鉄ＤＤ13形に準じた日立

**■夕張鉄道 鉄道部門輸送概況 1973（昭和48）年度見込**　　資料所蔵：奥山道紀

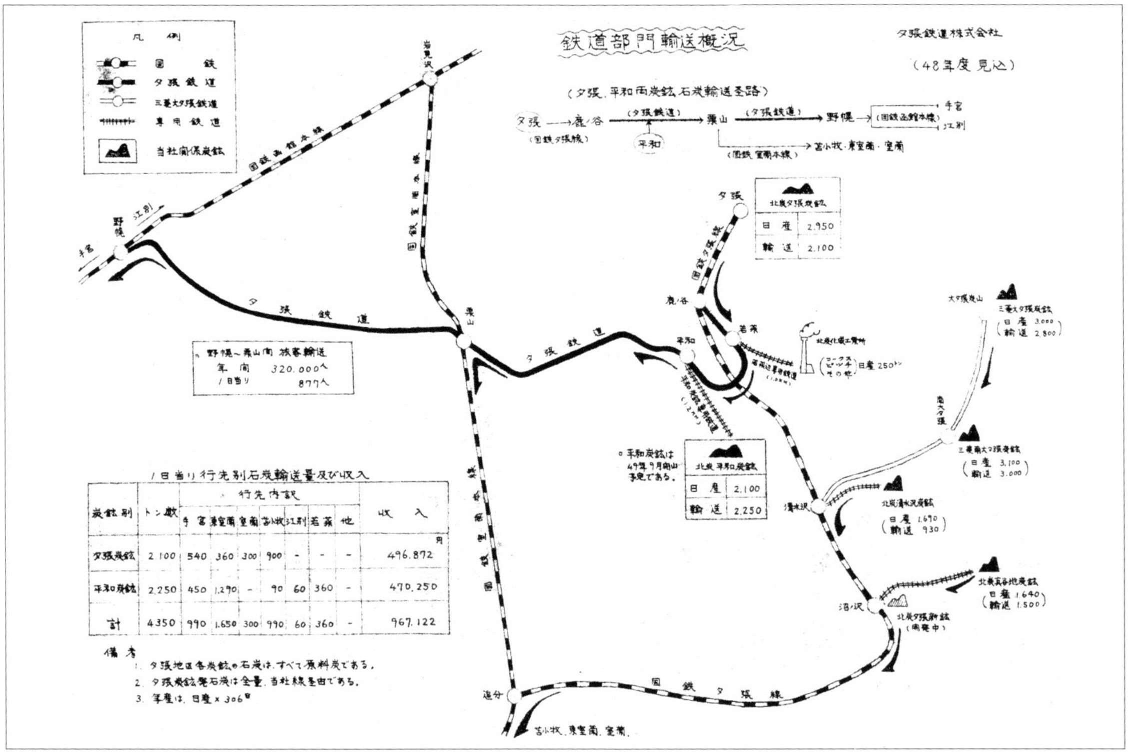


1日当り行先別石炭輸送量及び収入

| 炭鉱別 | トン数 | 行先内訳 | | | | | | | 収入 |
|---|---|---|---|---|---|---|---|---|---|
| | | 手宮 | 東室蘭 | 室蘭 | 苫小牧 | 江別 | 若菜 | 他 | |
| 夕張炭鉱 | 2.100 | 540 | 360 | 300 | 900 | - | - | - | 496.872円 |
| 平和炭鉱 | 2.250 | 450 | 1.290 | - | 90 | 60 | 360 | - | 470.250 |
| 計 | 4350 | 990 | 1.650 | 300 | 990 | 60 | 360 | - | 967.122 |

備考
1. 夕張地区各炭鉱の石炭は、すべて原料炭である。
2. 夕張炭鉱発石炭は全量、当社線経由である。
3. 年産は、日産×306日

1975(昭和50) 年に閉山された当時の平和炭鉱。
1975年　P：安藤文雄

製新鋭ＤＬ２両を導入した。

一方旅客輸送量は1959(昭和34) 年に2,060千人を記録。終戦直後の2,452千人(1946年) に続く二度目のピークを迎えたが、その後の沿線人口の減少やバス路線の拡充により急速に減少した(私鉄統計年報)。

1970(昭和45) 年８月には鉄道部門の合理化案を発表。駅の業務委託・無人化、閉塞区間の統合、錦沢駅の電気連動装置設置による無人化等の各種合理化を実施した。

閉山する炭鉱がある一方、旺盛な鉄鋼用原料炭確保の為、夕張市内に二つの新炭鉱が開発された。

1972(昭和47) 年には三菱南大夕張炭鉱の本格操業や北炭夕張新炭鉱の開発により国鉄夕張線の輸送力が逼迫し、北炭・国鉄を交えて輸送計画が策定された。

それにより同年３月から夕張駅発の石炭に関しては鹿ノ谷～栗山間を全量夕張鉄道線経由とし、夕張～鹿ノ谷間にはD51を背中合わせに連結した運用も行われ、「トンボ重連(逆向) 」なる言葉も出現した。

その後、1974(昭和49) 年４月１日には野幌～栗山間の旅客営業を休止(1975年３月20日旅客営業廃止)、鉄道事業の北炭への譲渡により、北海道炭礦汽船(株)夕張鉄道線となった(鉄監第139号)。

鉄道部門の170名が北炭に移籍、職制上は平和炭鉱輸送課となり、鹿ノ谷駅前の夕鉄本社内に輸送監理室が置かれ、監理室長は夕鉄社長が委託を受けた。

北炭への鉄道事業譲渡は平和炭鉱閉山時の鉄道廃止により失職を余儀なくされる鉄道従業員に対し、炭鉱労働者と同じ優遇条件を与えるための措置であり、1970(昭和45) 年４月に廃業した雄別鉄道でも同様の措置がとられた。

北炭では開発中の夕張新鉱に生産を集中するため、夕張・平和は順次閉山の予定で、平和炭鉱は1975(昭和50) 年３月末に閉山。沿線最大の炭鉱を失い、夕張鉄道も同年４月１日に廃止となった(S50.3.14　鉄監第90号)。

1975(昭和50) 年３月21日に「さよならＳＬ列車(石炭列車) 」を新二岐～鹿ノ谷間で運転。栗山～鹿ノ谷間の貨123レの新二岐～鹿ノ谷間を重連運転とした。

続いて1975年３月31日。最終列車は鹿ノ谷～野幌間の貨104・103列車。けん引機のＤＤ1002には「さよなら夕張鉄道線」のヘッドマークが掲げられた。

なお夕張鉄道(株) は資本金を9,000万円に減資し、現在もバス会社として夕張、江別・札幌地区で営業中である。

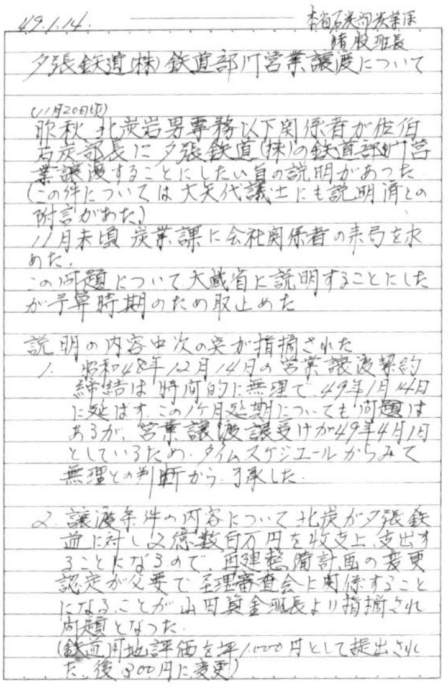

49.1.14.　本省石炭部炭業課
補助班長

夕張鉄道(株)鉄道部門営業譲渡について

(11月20日頃)
昨秋 北炭岩男専務以下関係者が佐伯石炭部長に夕張鉄道(株)の鉄道部門営業譲渡することにしたい旨の説明があった
(この件については大矢代議士にも説明済との附言があった)
11月末頃 炭業課に会社関係者の来局を求めた。
この問題について大蔵省に説明することにしたが予算時期のため取止めた

説明の内容中次の点が指摘された
1. 昭和48年12月14日の営業譲渡契約締結は時間的に無理で 49年1月14日に延ばす。この1ヶ月延期についても問題はあるが、営業譲渡譲受けが49年4月1日としているため、タイムスケジュールからみて無理との判断から了承した。

2. 譲渡条件の内容について北炭が夕張鉄道に対し2億数百万円を収支上支出することとなるので、再建整備計画の変更認定が必要で経理審査会に関係することになることが山田資金班長より指摘され問題となった。
(鉄道用地評価を坪1,000円として提出された。後800円に変更)

夕張鉄道の鉄道部門営業譲渡について記した文書。
資料所蔵：奥山道紀

1975(昭和50)年３月31日限りの鉄道廃止を前に運転された、蒸気機関車25+26号によるSL重連さよなら列車(貨123列車新二岐～鹿ノ谷間)。
1975.3.21　平和－若菜　P：石田　司

## 1．10「夕鉄」の残像

夕張鉄道廃止後も、その一部区間については専用線として暫くの間残った区間があった。

若菜駅から分岐していた北炭化成工業所専用鉄道(若菜辺専用鉄道)は夕張鉄道廃線後鹿ノ谷～若菜間を譲受、DD1001を使用して運行されたが同工業所の閉鎖により、1978(昭和53)年４月１日に廃止となった。

一方、北海鋼機前駅から分岐していた、北海鋼機専用線についても、野幌～北海鋼機前間を譲受し運行していたが、国鉄の貨物合理化により1987(昭和62)年３月12日に廃止され、夕張鉄道の残存区間は全て消滅した。

かつての夕張鉄道沿線の江別市や南幌町は現在では札幌の都市圏として成長著しく、野幌～栗山間の鉄道復活構想が幾度となく発表されたが、実現には至っていない。

「さようなら夕張鉄道線」のヘッドマークを掲げ、鉄道営業最後の日に鹿ノ谷～野幌間で運転された貨104列車。
1975.3.31　若菜－平和
P：石田　司

## 1. 11 列車運行状況・輸送量と収支

栗山〜新夕張間営業開始当初は、混合列車が1日3〜4往復と新夕張周辺の通勤列車が運転されていた。

1926(大正15)年12月改正の列車運行図表には夕張鉄道敷設の目的の一つでもあった「坑内充填用火山灰」を貯蔵する「中央注砂場」の記載が見られる。

その後野幌まで全通した後は野幌〜新夕張間混合4往復(所要時間約2時間30分)、栗山〜新夕張間1往復および新夕張周辺の通勤・通学列車が3〜4往復あり、1937(昭和12)年の時刻表では北炭夕張炭砿専用鉄道・高松までの列車運行が確認できる。

**■夕張鉄道 列車運行図表　1926(大正15)年12月改正**

出典：ゆうてつ50年のあゆみ(夕張鉄道発行)

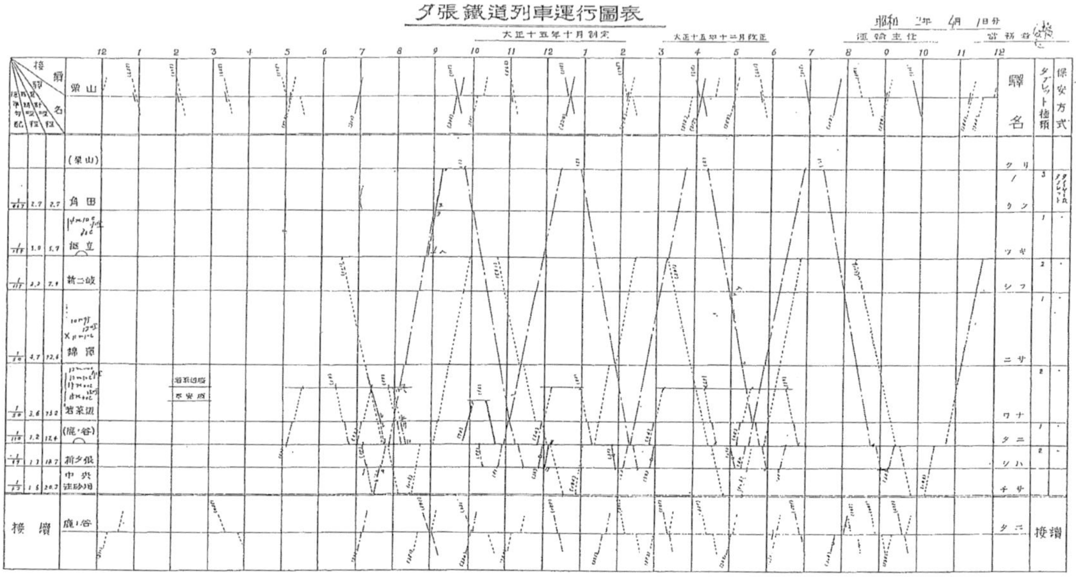


**■夕張鉄道 列車運転時刻表　1937(昭和12)年４月改正**

出典：ゆうてつ50年のあゆみ(夕張鉄道発行)

昭和十二年四月改正

列車運轉時刻表

夕張鐵道

上リ

| 驛名 | 22 混 午前 ⧗ | 2 混 午前 | 82 貨 午前 | 62 貨 午前 | 32 混 午前 | 4 混 午前 | 52 單 午前 ⧗ | 6 混 午前 | 64 貨 午後 | 84 貨 午後 | 8 混 午後 | 66 貨 午後 | 54 客廻 午後 | 34 混 午後 | 86 貨 午後 | 12 混 午後 | 36 混 午後 | 38 混 午後 |
|---|---|---|---|---|---|---|---|---|---|---|---|---|---|---|---|---|---|---|
| 野幌接續 上 | (30) 7.30 | (32) 8.46 | | | | (27) 0.10 | | (209) 2.44 | | | (34) 5.35 | | | | | | | |
| 野幌接續 下 | (23) 7.28 | (35) 9.11 | | | | (33) 0.13 | | (210) 2.37 | | | (31) 5.37 | | | | | | | |
| 野幌 | 13 | 37 | | | | 56 | | 15 | | | 17 | | | | | | | |
| 上江別 | 07 | 31 | | | | 50 | | 09 | | | 11 | | | | | | | |
| | 7.06$^{5}$ | 30$^{5}$ | | | | 49.5 | | 2.08$^{5}$ | | | 5.10$^{5}$ | | | | | | | |
| ◎晩翠 | 54$^{5}$ | 18$^{5}$ | | | | 37$^{5}$ | | 56$^{5}$ | | | 58$^{5}$ | | | | | | | |
| | 54 | 18 | | | | 37 | | 56 | | | 58 | | | | | | | |
| 南幌向 | 47 | × 11 | | | | 30 | | 49 | | | 51 | | | | | | | |
| | 46 | 8.07 | | | | 28 | | 48 | | | 50 | | | | | | | |
| 長沼 | 35 | 56 | | | | 17 | | 37 | | | 39 | | | | | | | |
| | 34 | 53 | | | | 15 | | 36 | | | 38 | | | | | | | |
| 發栗山著 | 25 | 44 | | | | 11.06 | | × 27 | | | 29 | | | | | | | |
| 栗山接續 上 | (212) 6.33 | (216) 9.53 | | | | | | (214) 1.34 | | | | | | | | (206) 8.07 | | |
| 栗山接續 下 | | (219) 7.36 | | | | (221) 11.03 | | (209) 1.33 | | | (213) 4.26 | | | | | (217) 7.21 | | |
| 著栗山發 | 24 | 29 | | = 30 | | 54 | | 18 | | | 09 | | | | | = 10 | | |
| 角田 | 16 | 21 | | 22 | | 46 | | 10 | | | × 4.01 | | | | | × 7.02 | | |
| | 15 | 20 | | 19 | | 45 | | 1.08 | | | 55 | | | | | 57 | | |
| 継立 | 06 | 11 | | 10 | | < 36 | | 59 | | | 46 | | | | | 48 | | |
| | 6.05 | 10 | | 07 | | 35 | | 57 | | | 44 | | | | | 46 | | |
| 新二岐 | 58 | 03 | | 8.00 | | 28 | | 50 | | | 37 | | | | | 39 | | |
| | 57 | 7.02 | | 45 | | 27 | | 47 | = 30 | | 32 | = 25 | | | | 37 | | |
| 著角田坑發 | | | | 7.25 | | | | | 0.10 | | | 3.05 | | | | | | |
| 錦澤 | 41 | 46 | | | | 11 | | 31 | | | 16 | | | | | 21 | | |
| | 40$^{5}$ | 45$^{5}$ | | | | 10.10$^{5}$ | | 30$^{5}$ | | | 15$^{5}$ | | | | | 20.5 | | |
| 若菜邊 | 25$^{5}$ | 30$^{5}$ | | | | 55$^{5}$ | | 15$^{5}$ | | | 00$^{5}$ | | | | | 05$^{5}$ | | |
| | 25 | 30 | = 55 | | | 55 | | 15 | | = 1.00 | 3.00 | | | | = 05 | 05 | | |
| 鹿ノ谷 | 20 | 25 | 6.50 | | | × 50 | | 10 | | 0.55 | × 55 | | | | 5.00 | 6.00 | | |
| | 15 | 20 | | | = 30 | 45 | = 50 | 0.05 | | | 50 | | = 15 | = 26 | | 55 | = 35 | = 55 |
| 新夕張 | 5.10 | 6.15 | | | 25 | 9.40 | 45 | 12.00 | | | 45 | | 3.10 | 21 | | 50 | 8.30 | 9.50 |
| | | | | | 22 | | 43 | | | | 38 | | | 20 | | 41 | | |
| 高松 | | | | | 8.09 | | 10.30 | | | | 2.25 | | | 4.13 | | 5.29 | | |

下リ

| 驛名 | 區間粁程 | 累計粁程 | 51 客廻 午前 ⧗ | 53 單 午前 | 61 貨 午前 | 81 貨 午前 | 31 混 午前 | 21 混 午前 ⧗ | 33 混 午前 | 1 混 午前 | 63 貨 午前 | 3 混 午後 | 83 貨 午後 | 55 單 午後 | 65 貨 午後 | 5 混 午後 | 67 貨 午後 | 35 混 午後 | 85 貨 午後 | 7 混 午後 | 11 混 午後 |
|---|---|---|---|---|---|---|---|---|---|---|---|---|---|---|---|---|---|---|---|---|---|
| 野幌 | | | | | | | | 7.45 | | 9.15 | | 0.35 | | | | 2.50 | | | | 5.55 | |
| 上江別 | 2.4 | 2.4 | | | | | | 50 | | 20 | | 40 | | | | 55 | | | | 6.00 | |
| | | | | | | | | 50$^{5}$ | | 20$^{5}$ | | 40$^{5}$ | | | | 55$^{5}$ | | | | 00$^{5}$ | |
| ◎晩翠 | 6.2 | 8.6 | | | | | | 8.02$^{5}$ | | 32.5 | | 52$^{5}$ | | | | 3.07$^{5}$ | | | | 12$^{5}$ | |
| | | | | | | | | 03 | | 33 | | 53 | | | | 08 | | | | 13 | |
| 南幌向 | 3.6 | 12.2 | | | | | | 10 | | 40 | | 1.00 | | | | 15 | | | | 20 | |
| | | | | | | | | × 13 | | 43 | | 01 | | | | 17 | | | | 22 | |
| 長沼 | 5.9 | 18.1 | | | | | | 24 | | 54 | | 12 | | | | 28 | | | | 33 | |
| | | | | | | | | 26 | | 57 | | 13 | | | | 30 | | | | 35 | |
| 發栗山著 | 4.9 | 23.0 | | | | | | 35 | | 10.06 | | 22 | | | | 39 | | | | 44 | |
| 栗山接續 上 | | | | | | | | (216) 9.53 | | | | (214) 1.34 | | | | (210) 3.45 | | | | (222) 7.03 | (206) 8.01 |
| 栗山接續 下 | | | | | | | | (205) 9.25 | | (221) 11.03 | | (209) 1.33 | | | | (213) 4.26 | | | | (217) 7.21 | (21[illegible]) 7.20 |
| 著栗山發 | | | | | | | | 37 | | 16 | 9.35 | × 38 | | | | 50 | | | | 52 | 8.12 |
| 角田 | 4.4 | 27.4 | | | | | | 45 | | 24 | 43 | 46 | | | | 58 | | | | 7.00 | 20 |
| | | | | | | | | 46 | | 25 | 46 | 49 | | | | × 59 | | | | × 01 | 21 |
| 継立 | 4.7 | 32.1 | | | | | | 55 | | 34 | 56 | 58 | | | | 4.08 | | | | 10 | 30 |
| | | | | | | | | 56 | | < 37 | 58 | 2.01 | | | | 09 | | | | 11 | 31 |
| 新二岐 | 3.6 | 35.7 | | | | | | 9.03 | | 44 | 10.05 | 08 | | | | 16 | | | | 18 | 38 |
| | | | | | 6.20 | | | 06 | | 47 | 11.00 | 11 | | | 2.15 | 17 | 3.10 | | | 21 | 41 |
| 著角田坑發 | | | | | 40 = | | | | | | 20 = | | | | 35 = | | | | | | |
| 錦澤 | 7.6 | 43.3 | | | | | | 26 | | 11.07 | | 31 | | | | 37 | 4.02 | | | 41 | 9.01 |
| | | | | | | | | 26$^{5}$ | | 07$^{5}$ | | 31$^{5}$ | | | | 37$^{5}$ | 03 | | | 41$^{5}$ | 01$^{5}$ |
| 若菜邊 | 5.8 | 49.1 | | | | | | 41$^{5}$ | | 22$^{5}$ | | 46$^{5}$ | | | | 52$^{5}$ | 18 | | | 56$^{5}$ | 16$^{5}$ |
| | | | | | | 7.20 | | 42 | | 23 | | 47 | 1.30 | | | 53 | 19 | | 5.30 | 57 | 17 |
| 鹿ノ谷 | 2.0 | 51.1 | | | | 25 = | | 47 | | 28 | | 52 | 35 = | | | 58 | 24 = | | 35 = | 8.02 | 22 |
| | | | 4.50 | 5.55 | | | 7.30 | × 52 | 9.10 | 33 | | × 57 | | 1.50 | | 5.01 | | 3.55 | | 07 | 24 |
| 新夕張 | 2.1 | 53.2 | 56 = | 6.01 = | | | 36 | 58 | 16 = | 39 = | | 3.03 = | | 56 | | 07 | | 4.01 | | 13 = | 30 = |
| | | | | | | | 37 | 10.05 | | | | | | 2.00 | | 10 | | 04 | | | |
| 高松 | 2.6 | | | | | | 52 | 20 | | | | | | 15 | | 24 | | 11 | | | |
| 野幌接續 上 | | | | | | | | (30) 7.28 | | (32) 8.45 | | (22) 0.09 | | | | (209) 2.43 | | | | (34) 5.34 | |
| 野幌接續 下 | | | | | | | | (23) 7.27 | | (35) 9.10 | | (33) 0.12 | | | | (210) 2.37 | | | | (31) 5.36 | |

一、第六三列車新二岐──角田坑間ハ不定期トス

一、下リ列車ノ新二岐──錦澤間ノ運轉時分中ニハ錦[illegible]線ニ於ケル給水時分三分ヲ含ム

一、列車名ニ⧗印ヲ附シタル列車ハ三月──十一月間運轉ス

※新夕張の先に、夕張炭砿専用鉄道の高松乗降場が記載されている。

戦争中は1939(昭和14)年から平和炭鉱が出炭を開始し通勤・通学列車、貨物列車も増発された。

戦後は一時期混合列車が3往復まで減じた時代があったが1951(昭和26)年3月より新夕張～野幌間に急行22列車を運転した(所要時間1時間24分)。同年12月急行列車の運行を休止したが、客貨分離に着手、翌1952(昭和27)年に気動車を導入し、旅客列車を増発した。

**■夕張鉄道列車・バス時刻表　1954(昭和29)年8月1日現在**

資料所蔵：夕張市石炭博物館

鐵道粁程並旅客運賃表

| | | | | | | | | | | | | | |
|---|---|---|---|---|---|---|---|---|---|---|---|---|---|
| 野幌 | 10円 | 30 | 50 | 70 | 80 | 100 | 120 | 130 | 150 | 160 | 180 | 190 | 粁 53.2 |
| | 上江別 | 20 | 40 | 60 | 70 | 90 | 110 | 120 | 140 | 160 | 170 | 180 | 50.8 |
| | | 晩翠 | 10 | 40 | 50 | 70 | 80 | 100 | 120 | 140 | 150 | 160 | 44.6 |
| | | | 南幌 | 20 | 40 | 60 | 70 | 80 | 110 | 130 | 140 | 140 | 41.0 |
| | | | | 北長沼 | 20 | 40 | 50 | 60 | 90 | 110 | 120 | 130 | 35.1 |
| | | | | | 栗山 | 20 | 40 | 50 | 70 | 90 | 100 | 110 | 30.2 |
| | | | | | | 角田 | 20 | 30 | 60 | 80 | 80 | 90 | 25.8 |
| | | | | | | | 継立 | 10 | 40 | 60 | 70 | 80 | 21.1 |
| | | | | | | | | 新二岐 | 30 | 50 | 60 | 60 | 17.5 |
| | | | | | | | | | 錦澤 | 20 | 30 | 40 | 9.9 |
| | | | | | | | | | | 若菜 | 10 | 20 | 4.1 |
| | | | | | | | | | | | 鹿ノ谷 | 10 | 2.1 |
| | | | | | | | | | | | | 夕張本町 | 粁程 |

| | | | | | | | | | |
|---|---|---|---|---|---|---|---|---|---|
| 南幌向驛前 | | | | | | | | | |
| 円30 | 北長沼驛前 | | | | | | | | |
| 45 | 20 | 栗山驛前 | | | | | | | |
| 65 | 40 | 20 | 角田本通 | | | | | | |
| 85 | 60 | 40 | 20 | 継立驛前 | | | | | |
| 100 | 75 | 65 | 35 | 15 | 新二岐驛前 | | | | |
| 110 | 85 | 65 | 45 | 25 | 15 | 富野 | | | |
| 140 | 115 | 95 | 75 | 55 | 40 | 30 | 鹿ノ谷 | | |
| 145 | 120 | 100 | 85 | 65 | 50 | 35 | 10 | 夕張本町驛前 | |
| 150 | 135 | 105 | 90 | 70 | 55 | 40 | 15 | 10 | 夕張驛前 |

バス運賃表

29.6.1 …列車… 野幌方面ゆき

| 上り | 22 | 2 | 32 | 4 | 6 | 8 | 42 | 44 | 24 | 34 |
|---|---|---|---|---|---|---|---|---|---|---|
| 夕張本町 發 | 5.30 | 6.30 | 7.30 | 7.55 | 11.50 | 15.15 | | 16.50 | 17.55 | 21.00 |
| 鹿ノ谷 着 | 5.35 | 6.34 | 7.34 | 7.59 | 11.54 | 15.19 | | 16.55 | 18.00 | 21.05 |
| 鹿ノ谷接續 上り 發 | | | | 8.08 | | 15.49 | | 17.38 | | |
| 鹿ノ谷接續 下り 着 | | 6.22 | | | | 14.42 | | 16.53 | | |
| 鹿ノ谷 發 | 5.37 | 6.35 | 7.40 | 8.01 | 11.56 | 15.21 | 15.55 | 16.56 | 18.07 | |
| 若菜 發 | 5.43 | 6.40 | 7.44 | 8.06 | 12.01 | 15.26 | 16.00 | 17.01 | 18.16 | |
| 錦澤 發 | 6.01 | 6.54 | | 8.20 | 12.15 | 15.40 | | | 18.34 | |
| 新二岐 發 | 6.20 | 7.07 | | 8.33 | 12.28 | 15.53 | | | 18.53 | |
| 継立 發 | 6.28 | 7.13 | | 8.39 | 12.34 | 15.59 | | | 19.03 | |
| 角田 發 | 6.38 | 7.21 | | 8.47 | 12.42 | 16.07 | | | 19.12 | |
| 栗山 着 | 6.46 | 7.28 | | 8.54 | 12.49 | 16.14 | | | 19.20 | |
| 栗山接續 上り 發 | | | | 9.47 | 14.00 | 16.27 | | | 19.31 | |
| 栗山接續 下り 發 | 6.52 | | | 9.17 | 14.18 | 17.00 | | | 19.48 | |
| 栗山 發 | 6.53 | 7.29 | | 8.56 | 13.00 | 16.30 | | | 19.55 | |
| 北長沼 發 | 7.03 | 7.37 | | 9.01 | 13.10 | 16.38 | | | 20.06 | |
| 南幌向 發 | 7.15 | 7.46 | | 9.17 | 13.23 | 16.47 | | | 20.19 | |
| 晩翠 發 | 7.23 | 7.53 | | 9.24 | 13.31 | 16.54 | | | 20.27 | |
| 上江別 發 | 7.36 | 8.02 | | 9.34 | 13.44 | 17.04 | | | 20.40 | |
| 野幌 着 | 7.42 | 8.09 | | 9.40 | 13.50 | 17.00 | | | 20.46 | |
| 野幌接續 下り 發 | 8.07 | 8.53 | | 10.20 | 15.10 | 17.47 | | | | |
| 野幌接續 上り 發 | 7.45 | 8.21 | | 9.45 | 14.03 | 17.22 | | | 21.15 | |
| 札幌 着 | 8.16 | 8.55 | | 10.16 | 14.35 | 17.53 | | | 21.45 | |
| 小樽 着 | 9.25 | | | 11.28 | 15.56 | 19.09 | | | 22.56 | |

…列車… 夕張本町方面ゆき

| 下り | 31 | 33 | 35 | 21 | 1 | 3 | 41 | 5 | 23 | 7 |
|---|---|---|---|---|---|---|---|---|---|---|
| 小樽 發 | | | | | (手宮) 7.05 | (手宮) 10.14 | | 13.25 | | 16.35 |
| 札幌 發 | | | | | 8.22 | 11.27 | | 14.38 | | 17.41 |
| 野幌接續 下り 着 | | | | | 8.52 | 11.58 | | 15.09 | | 18.10 |
| 野幌接續 上り 着 | | | | | 8.23 | 12.01 | | 14.04 | | 17.31 |
| 野幌 發 | | | | 5.20 | 8.55 | 12.10 | | 15.30 | | 18.25 |
| 上江別 發 | | | | 5.26 | 9.00 | 12.15 | | 15.35 | | 18.31 |
| 晩翠 發 | | | | 5.39 | 9.10 | 12.25 | | 15.45 | | 18.44 |
| 南幌向 發 | | | | 5.49 | 9.18 | 12.32 | | 15.52 | | 18.53 |
| 北長沼 發 | | | | 6.03 | 9.28 | 12.42 | | 16.02 | | 19.00 |
| 栗山 着 | | | | 6.12 | 9.36 | 12.50 | | 16.10 | | 19.15 |
| 栗山接續 上り 發 | | | | 6.35 | 9.47 | 14.00 | | 16.27 | | 19.31 |
| 栗山接續 下り 發 | | | | 6.52 | 9.17 | 12.11 | | 17.00 | | 19.48 |
| 栗山 發 | | | | 6.25 | 9.50 | 12.52 | | 16.17 | 17.00 | 19.33 |
| 角田 發 | | | | 6.40 | 9.58 | 13.00 | | 16.25 | 17.11 | 19.40 |
| 継立 發 | | | | 6.55 | 10.07 | 13.09 | | 16.34 | 17.23 | 19.48 |
| 新二岐 發 | | | | 7.15 | 10.17 | 13.19 | | 16.43 | 17.35 | 19.55 |
| 錦澤 發 | | | | 7.45 | 10.39 | 13.41 | | 17.05 | 18.01 | 20.17 |
| 若菜 發 | 6.10 | 7.30 | 7.54 | 8.20 | 10.55 | 13.56 | 16.20 | 17.20 | 18.30 | 20.32 |
| 鹿ノ谷 着 | 6.14 | 7.35 | 7.58 | 8.25 | 10.59 | 14.00 | 16.25 | 17.24 | 18.35 | 20.36 |
| 鹿ノ谷接續 上り 發 | | | 8.08 | 10.00 | | 14.10 | | 17.38 | | 20.50 |
| 鹿ノ谷接續 下り 發 | | | | | | | | | | |
| 鹿ノ谷 發 | 6.15 | 7.36 | | 8.30 | 11.01 | 14.02 | 16.30 | 17.26 | 18.40 | 20.38 |
| 夕張本町 着 | 6.20 | 7.41 | | 8.36 | 11.06 | 14.07 | 16.36 | 17.31 | 18.46 | 20.43 |

〔夕張—栗山線〕　夕鉄バス時刻表

栗山駅前ゆき　〔上り〕

| 停留所名 | 2 | 4 | 6 | 8 | 10 | 12 | 14 |
|---|---|---|---|---|---|---|---|
| 夕張驛前 | 7,20 | 8,20 | 10,30 | 12.20 | 14.00 | 15.30 | 17.10 |
| 夕張本町驛前 | 7,24 | 8,24 | 10,34 | 12.24 | 14.04 | 15.34 | 17.14 |
| 末廣交番前 | 7,28 | 8,28 | 10,38 | 12.28 | 14.08 | 15.38 | 17.18 |
| 鹿ノ谷(工高前) | 7,32 | 8,32 | 10,42 | 12.32 | 14.12 | 15.42 | 17.22 |
| 富野 | 7,47 | 8,47 | 10,57 | 12.47 | 14.27 | 15.57 | 17.37 |
| 新二岐驛前 | 7,53 | 8,53 | 11,03 | 12.53 | 14.33 | 16.03 | 17.43 |
| 継立驛前 | 8,02 | 9,02 | 11,12 | 13.02 | 14.42 | 16.12 | 17.52 |
| 大井分會館 | 8,08 | 9,08 | 11,18 | 13.08 | 14.48 | 16.18 | 17.58 |
| 角田本通り | 8,17 | 9,17 | 11,27 | 13.17 | 14.57 | 16.27 | 18.07 |
| 綜合病院前 | 8,25 | 9,25 | 11,35 | 13.25 | 15.05 | 16.35 | 18.15 |
| 栗山驛前 | 8,28 | 9,28 | 11,38 | 13.28 | 15.08 | 16.38 | 18.18 |
| 室蘭線 上 | | 9,47 | | 14,00 | 16,27 | | 19,29 |
| 栗山接續 下 | 9,17 | | 12,11 | 14,18 | | 17,00 | 19,46 |

夕張駅前ゆき　〔下り〕

| 停留所名 | 1 | 3 | 5 | 7 | 9 | 11 | 13 |
|---|---|---|---|---|---|---|---|
| 室蘭線 上 | | 9.45 | | 13.58 | | | |
| 栗山接續 下 | | 9.15 | 12.10 | | 14.17 | 16,59 | |
| 栗山驛前 | 8.40 | 9.50 | 12.20 | 14.01 | 15.30 | 17.01 | 18.30 |
| 綜合病院前 | 8.43 | 9.53 | 12.23 | 14.03 | 15.33 | 17.03 | 18.33 |
| 角田本通り | 8.51 | 10.01 | 12.31 | 14.11 | 15.41 | 17.11 | 18.41 |
| 大井分會館 | 8.59 | 10.09 | 12.39 | 14.19 | 15.49 | 17.19 | 18.49 |
| 継立驛前 | 9.06 | 10.16 | 12.46 | 14.26 | 15.56 | 17.26 | 18.56 |
| 新二岐驛前 | 9.15 | 10.25 | 12.55 | 14.35 | 16.05 | 17.35 | 19.05 |
| 富野 | 9.21 | 10.31 | 13.01 | 14.41 | 16.11 | 17.41 | 19.11 |
| 鹿ノ谷(工高前) | 9.41 | 10.51 | 13.21 | 15.01 | 16.31 | 18.01 | 19.31 |
| 末廣交番前 | 9.45 | 10.55 | 13.25 | 15.05 | 16.35 | 18.05 | 19.35 |
| 夕張本町驛前 | 9.49 | 10.59 | 13.29 | 15.09 | 16.39 | 18.09 | 19.39 |
| 夕張驛前 | 9.53 | 11.03 | 13.33 | 15.13 | 16.43 | 18.13 | 19.43 |

〔栗山—南幌向線〕

| 栗山驛前ゆき 71 | 5 | 11 | 73 | 下り | 停留所名 | 上り | 南幌向驛前ゆき 72 | 4 | 8 | 14 |
|---|---|---|---|---|---|---|---|---|---|---|
| 7.50 | 10.40 | 14.50 | 17.50 | ↓ | 南幌向驛前 | ↑ | 7.45 | 10.35 | 14.46 | 17.45 |
| 7.53 | 10.43 | 14.53 | 17.53 | | 南幌向村役場 | | 7.42 | 10.32 | 14.42 | 17.42 |
| 7.59 | 10.49 | 14.59 | 17.59 | | 石　川 | | 7.36 | 10.26 | 14.36 | 17.36 |
| 8.03 | 10.53 | 15.03 | 18.03 | | 東　[illegible] | | 7.32 | 10.22 | 14.32 | 17.32 |
| 8.09 | 10.59 | 15.09 | 18.09 | | 村　[illegible] | | 7.26 | 10.16 | 14.26 | 17.26 |
| 8.12 | 11.02 | 15.12 | 18.12 | | 上長沼3區西[illegible] | | 7.23 | 10.13 | 14.23 | 17.23 |
| 8.15 | 11.05 | 15.15 | 18.15 | | 北長沼驛前 | | 7.20 | 10.10 | 14.20 | 17.20 |
| 8.18 | 11.08 | 15.18 | 18.18 | | 北15号（14番[illegible] | | 7.17 | 10.07 | 14.17 | 17.17 |
| 8.22 | 11.12 | 15.22 | 18.22 | | 長沼小學校前 | | 7.13 | 10.03 | 14.13 | 17.13 |
| 8.31 | 11.21 | 15.31 | 18.31 | | 小林商店前 | | 7.04 | 9.54 | 14.04 | 17.04 |
| 8.35 | 11.25 | 15.35 | 18.35 | | 栗山驛前 | | 7.00 | 9.50 | 14.00 | 17.00 |
| 9.47 | | 16.27 | 19.29 | 上 | 室蘭線 | 上 | 6.34 | 9.45 | 13.58 | 16.26 |
| 9.17 | 12.11 | 17.00 | 19.46 | 下 | 栗山接續 | 下 | 6.51 | 9.15 | | 16.59 |

〔栗山—御園線〕

| 栗山驛前ゆき 52 | 54 | 56 | 58 | 上り | 停留所名 | 下り | 御園小學校前ゆき 51 | 53 | 55 | 57 |
|---|---|---|---|---|---|---|---|---|---|---|
| 7.40 | 10.50 | 15.20 | 17.51 | ↓ | 御園小學校前 | ↑ | 7.35 | 10.40 | 15.10 | 17.50 |
| 7.44 | 10.54 | 15.24 | 17.54 | | 御園二線 | | 7.31 | 10.36 | 15.06 | 17.46 |
| 7.51 | 11.01 | 15.31 | 18.01 | | 御園五線 | | 7.24 | 10.29 | 14.59 | 17.39 |
| 7.57 | 11.07 | 15.37 | 18.07 | | 下御園口 | | 7.18 | 10.23 | 14.53 | 17.33 |
| 8.00 | 11.10 | 15.40 | 18.10 | | 継立驛前 | | 7.15 | 10.20 | 14.50 | 17.30 |
| 8.09 | 11.19 | 15.49 | | | 眞教寺前 | | | 10.11 | 14.41 | 17.21 |
| 8.12 | 11.22 | 15.52 | | | 杵臼 | | | 10.08 | 14.38 | 17.18 |
| 8.19 | 11.29 | 15.59 | | | 杵臼口 | | | 10.01 | 14.31 | 17.11 |
| 8.23 | 11.33 | 16.03 | | | 綜合病院前 | | | 9.54 | 14.24 | 17.04 |
| 8.30 | 11.40 | 16.10 | | | 栗山驛前 | | | 9.50 | 14.20 | 17.00 |
| 9.47 | 14.00 | 16.27 | | 上 | 室蘭線 | 上 | | 9.45 | 13.58 | 16.26 |
| 9.17 | 12.11 | 17.00 | | 下 | 栗山接續 | 下 | | 9.15 | 14.17 | 16.59 |

栗山・友成印刷所印行

※鉄道の培養路線として開業した夕張～栗山間、栗山周辺のバス時刻も掲載されている。

さらに1961(昭和36)年9月1日より急行列車(所要時間1時間08分・急行料金60円)の運行を開始、野幌～夕張本町間は上り10本、下り8本となった。

1963(昭和38)年6月に客貨分離を完成したが、1967(昭和42)年には急行列車を廃止した。

貨物列車の運行は炭鉱の出炭状況によったが、鹿ノ谷～野幌間3往復の他、いくつかの区間列車があった。

## ■夕張鉄道時刻表 1961(昭和36)年9月1日改正(新聞掲載)

資料所蔵：奥山道紀

札幌大通発着の連絡バスの時刻が掲載されている。

夕鉄新ダイヤ 九月一日実施

夕張鉄道では夕張—野幌間急行列車運転にともない、九月一日から全面的な時刻改正を実施する。急行は上り二便、下り一便の三本で、これにより夕張—札幌間は、これまでの二時間五分が一時間三十七分に短縮される。新ダイヤつぎのとおり。

下り 夕張本町方面行き / 上り 札幌方面行き

| 23 | 21 | 急行1 | 19 | 37 | 17 | 15 | 13 | 11 | 51 | 35 | 33 | 31 | 列車番号 | 32 | 12 | 52 | 急行2 | 14 | 16 | 18 | 20 | 22 | 24 | 36 | 急行4 | 24 | 38 |
|---|---|---|---|---|---|---|---|---|---|---|---|---|---|---|---|---|---|---|---|---|---|---|---|---|---|---|---|
| 2144 | 2027 | 1907 | 1756 | 1624 | 1550 | 1414 | 1149 | 1029 | 夕鉄バス 7・15に接続 | 806 | 745 | 622 | (着)夕張本町(発) | 515 | 632 | 735 | 755 | 817 | 935 | 1136 | 1320 | 1540 | 1557 | 1630 | 1710 | 1820 | 2040 |
| 2141 | 2024 | レ | 1753 | 1621 | 1547 | 1401 | 1146 | 1026 | | 802 | 742 | 619 | 末広 | レ | 634 | 737 | レ | 819 | 937 | 1138 | 1322 | 1542 | 1559 | 1632 | レ | 1822 | 2042 |
| 2139 | 2022 | 1903 | 1750 | 1619 | 1545 | 1407 | 1143 | 1023 | | 759 | 740 | 616 | 鹿の谷 | 523 | 637 | 741 | 759 | 822 | 940 | 1142 | 1325 | 1546 | 1602 | 1634 | 1714 | 1825 | 2044 |
| 2136 | 2019 | レ | 1746 | 1616 | 1540 | 1404 | 1139 | 1019 | | 755 | 736 | 612 | 営林署前 | レ | 640 | 744 | レ | 825 | 943 | 1145 | 1328 | 1549 | 1604 | | レ | 1827 | |
| 2133 | 2016 | 1859 | 1744 | 1614 | 1537 | 1401 | 1137 | 1017 | | 753 | 734 | 610 | 若菜 | 530 | 643 | 746 | 802 | 828 | 946 | 1147 | 1331 | 1552 | 1606 | | 1717 | 1830 | |
| レ | 2012 | レ | レ | | 1533 | レ | レ | 1012 | | | | | 平和 | レ | 647 | | レ | 832 | レ | 1151 | レ | 1556 | | | レ | レ | |
| 2120 | 2003 | レ | 1728 | | 1524 | 1346 | 1121 | 1001 | | | | | 錦沢 | 548 | 656 | | レ | 841 | 1002 | 1200 | 1346 | 1606 | | | レ | 1847 | |
| 2105 | 1948 | レ | 1704 | | 1508 | 1325 | 1101 | 938 | 727 | | | | 新二岐 | 607 | 708 | | レ | 851 | 1014 | 1210 | 1357 | 1617 | | | レ | 1857 | |
| 2059 | 1942 | レ | 1658 | | 1502 | 1318 | 1054 | 929 | 711 | | | | 継立 | 615 | 714 | | レ | 856 | 1021 | 1215 | 1402 | 1623 | | | レ | 1902 | |
| 2053 | 1936 | レ | 1651 | | 1455 | 1311 | 1048 | 922 | 701 | | | | 角田 | 625 | 720 | | レ | 902 | 1029 | 1220 | 1407 | 1630 | | | レ | 1907 | |
| 2047 | 1931 | 1816 | 1645 | | 1450 | 1305 | 1041 | 915 | 650 | | | | 栗山 | 637 | 727 | | 838 | 910 | 1041 | 1232 | 1421 | 1646 | | | 1753 | 1916 | |
| 2039 | 1924 | レ | 1631 | | 1440 | 1256 | 1034 | 900 | 625 | | | | 北長沼 | 647 | 733 | | レ | 916 | 1048 | 1238 | 1427 | 1653 | | | レ | 1923 | |
| レ | 1919 | レ | 1626 | | レ | 1252 | レ | 855 | レ | | | | 双葉 | レ | 737 | | レ | 920 | レ | 1242 | レ | 1657 | | | レ | レ | |
| 2032 | 1914 | 1804 | 1621 | | 1434 | 1247 | 1027 | 850 | 610 | | | | 南幌向 | 659 | 743 | | 849 | 926 | 1055 | 1246 | 1434 | 1702 | | | 1805 | 1930 | |
| 2027 | 1909 | レ | 1615 | | 1427 | 1240 | 1022 | 842 | 600 | | | | 晩翠 | 707 | 748 | | レ | 931 | 1101 | 1251 | 1439 | 1707 | | | レ | 1935 | |
| レ | 1906 | レ | 1611 | | レ | 1236 | レ | 838 | レ | | | | 下の月 | レ | 752 | | レ | 935 | レ | 1256 | レ | 1712 | | | レ | レ | |
| 2020 | 1900 | レ | 1605 | | 1420 | 1230 | 1014 | 832 | 546 | | | | 上江別 | 720 | 758 | | レ | 941 | 1109 | 1301 | 1447 | 1717 | | | レ | 1942 | |
| 2017 | 1857 | 1750 | 1602 | | 1417 | 1227 | 1011 | 829 | レ | | | | 野幌停留所 | レ | 801 | | 901 | 944 | 1113 | 1304 | 1450 | 1721 | | | 1816 | 1945 | |
| 2015 | 1855 | 1748 | 1600 | | 1415 | 1225 | 1009 | 827 | 540 | | | | 野幌 | 726 | 804 | | 903 | 947 | 1116 | 1306 | 1453 | 1724 | | | 1819 | 1947 | |
| 1935 | 1815 | 1710 | 1520 | | 1335 | 1145 | 930 | 750 | | | | | (発)札幌大通(着) | | 832 | | 932 | 1015 | 1144 | 1335 | 1521 | 1752 | | | 1847 | 2016 | |

※急行列車が運転開始した当初の時刻表。

## ■夕張鉄道 列車運行図表 1965(昭和40)年10月1日改正

資料所蔵：奥山道紀

この時期が夕張鉄道での最大運行本数に近いものである。ほぼ同時期の時刻表は24頁の「夕張鉄道各駅停車」参照。

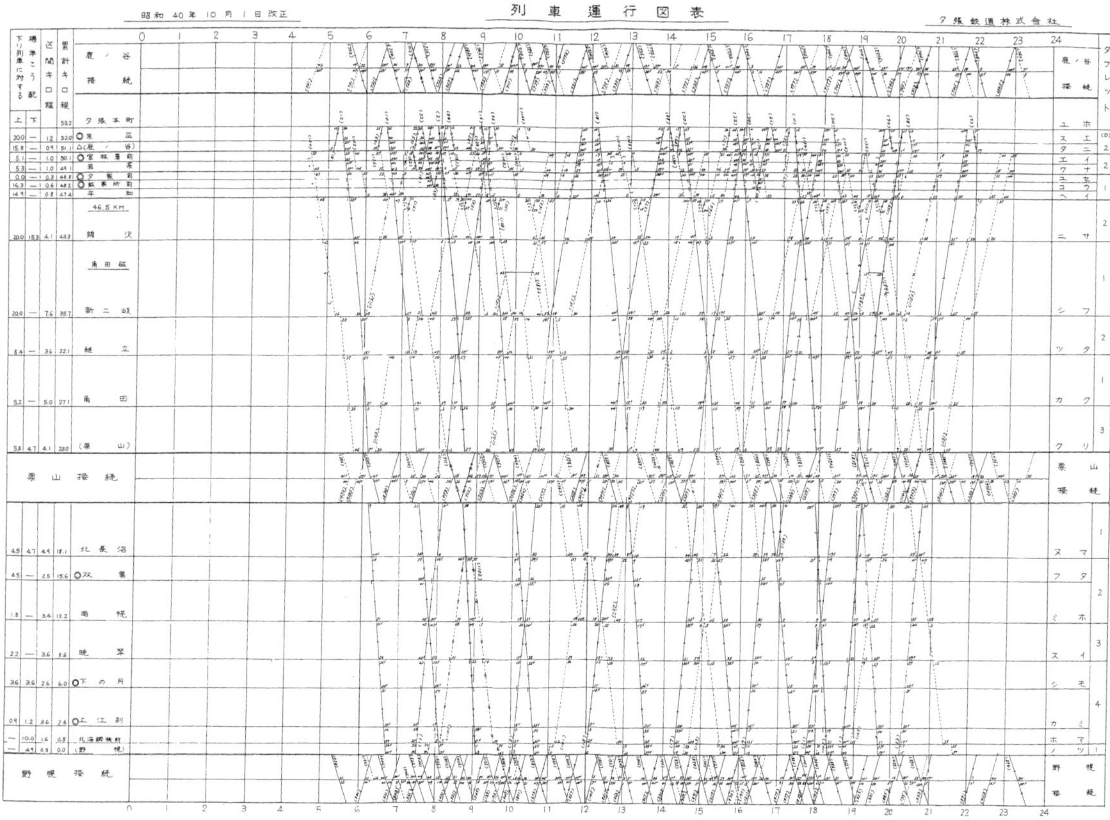

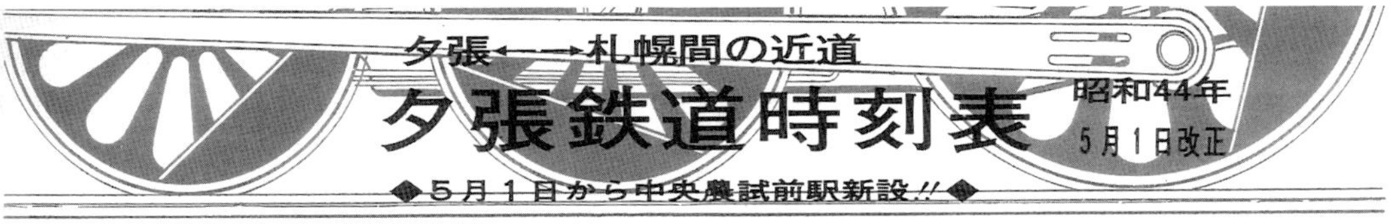


## 夕張鉄道株式会社

本社／夕張市鹿ノ谷3丁目21番地
TEL(代表)3171
札幌事務所／札幌市北2条西2丁目北炭ビル内
TEL(22)3930

**観光バス受付**
夕張／2032・札幌(23)2324・江別／2778

## 列車時刻表

（緑書は列車接続のバス時刻です）

### 札幌方面ゆき

| 上り | 2 | 4 | 32 | 6 | 22 | 24 | 8 | 26 | 10 | 34 | 28 | 12 |
|---|---|---|---|---|---|---|---|---|---|---|---|---|
| 夕張本町発 | 5.33 | 6.34 | 7.32 | 8.22 | | | 11.30 | | 16.00 | 16.42 | | 18.22 |
| 末広発 | 5.35 | 6.36 | 7.34 | 8.24 | | | 11.32 | | 16.02 | 16.44 | | 18.24 |
| 鹿ノ谷着 | 5.37 | 6.38 | 7.36 | 8.26 | | | 11.34 | | 16.04 | 16.46 | | 18.26 |
| 鹿ノ谷接続 清水沢方面行 | 5.59 | 7.22 | 7.41 | 8.48 | | | 12.02 | | 16.23 | 17.45 | | 18.50 |
| 鹿ノ谷接続 夕張行 | | 6.49 | | 8.02 | | | | | 16.03 | 16.44 | | |
| 鹿ノ谷発 | 5.38 | 6.39 | 7.37 | 8.27 | | | 11.35 | | 16.05 | | | 18.27 |
| 営林署前発 | 5.40 | 6.41 | 7.39 | 8.29 | | | 11.37 | | 16.07 | | | 18.29 |
| 若菜発 | 5.43 | 6.44 | 7.42 | 8.32 | | | 11.40 | | 16.10 | | | 18.32 |
| 平和発 | 5.47 | 6.48 | | 8.36 | | | 11.44 | | 16.14 | | | ↓ |
| 錦沢発 | 5.56 | 6.56 | (鉱業所前着 7.45) | 8.46 | | | 11.52 | | 16.23 | | | 18.44 |
| 新二岐発 | 6.06 | 7.08 | | 8.56 | | | 12.03 | | 16.33 | | | 18.55 |
| 継立発 | 6.11 | 7.13 | | 9.01 | | | 12.07 | | 16.38 | | | 18.59 |
| 角田発 | 6.17 | 7.19 | | 9.07 | | | ↓ | | 16.44 | | | 19.05 |
| 栗山着 | 6.21 | 7.24 | | 9.11 | | | 12.17 | | 16.48 | | | 19.10 |
| 栗山接続 夕鉄バス 栗山発 | | 8.13 | | 10.13 | | | 12.43 | | | | | |
| 栗山接続 夕鉄バス 岩見沢着 | | 8.50 | | 10.50 | | | 13.20 | | | | | |
| 栗山接続 室蘭本線 追分方面行 | 6.18 | | | 9.46 | | | 12.28 | 14.15 | 16.51 | | 19.03 | 19.27 |
| 栗山接続 室蘭本線 岩見沢方面行 | 6.47 | 7.29 | | 9.17 | 10.13 | 11.30 | 14.45 | 14.45 | 17.51 | | 17.51 | 19.13 |
| 栗山接続 夕鉄バス 岩見沢発 | | | | | 9.30 | | 11.30 | 14.00 | 16.00 | | | 18.00 |
| 栗山接続 夕鉄バス 栗山着 | | | | | 10.07 | | 12.07 | 14.37 | 16.37 | | | 18.37 |
| 栗山発 | 6.22 | 7.30 | | 9.13 | 10.18 | 11.35 | 12.19 | 15.28 | 16.53 | | 18.26 | 19.16 |
| 中央農試前発 | ↓ | ↓ | | 9.16 | ↓ | ↓ | 12.22 | ↓ | 16.56 | | | ↓ |
| 北長沼発 | 6.29 | 7.36 | | 9.21 | 10.25 | 11.41 | 12.27 | 15.34 | 17.01 | | 18.32 | 19.22 |
| 双葉発 | ↓ | 7.40 | | ↓ | 10.29 | 11.45 | 12.31 | 15.38 | 17.05 | | 18.36 | ↓ |
| 南幌発 | 6.36 | 7.46 | | 9.28 | 10.35 | 11.50 | 12.38 | 15.43 | 17.10 | | 18 41 | 19.30 |
| 晩翠発 | 6.41 | 7.51 | | 9.33 | 10.40 | 11.55 | 12.43 | 15.48 | 17.15 | | 18.46 | 19.35 |
| 下の月発 | 6.46 | 7.55 | | ↓ | 10.45 | 12.00 | 12.47 | 15.53 | ↓ | | | 19.39 |
| 上江別発 | 6.51 | 8.00 | | 9.41 | 10.50 | 12.05 | 12.52 | 15.58 | 17.22 | | 18.54 | 19.44 |
| 北海鋼機前着 | 6.54 | 8.03 | | 9.44 | 10.53 | 12.08 | 12.55 | 16.01 | 17.25 | | 18.57 | 19.47 |
| 野幌着 | 6.56 | 8.06 | | 9.50 | 10.55 | 12.10 | 12.58 | 16.06 | 17.28 | | 18.59 | 19.50 |

### 北海鋼機前→札幌大通り間(ワンマンバス)　夕鉄バス

| | | | | | | | | | | | | |
|---|---|---|---|---|---|---|---|---|---|---|---|---|
| 北海鋼機前発 | 6.55 | 8.04 | | 9.45 | 10.54 | 12.09 | 12.56 | 16.02 | 17.26 | | 18.58 | 19.48 |
| 営業所前着 | 7.25 | 8.34 | | 10.15 | 11.24 | 12.39 | 13.26 | 16.32 | 17.56 | | 19.28 | 20.18 |
| 東橋着 | 7.27 | 8.36 | | 10.17 | 11.26 | 12.41 | 13.28 | 16.34 | 17.58 | | 19.30 | 20.20 |
| 時計台着 | 7.31 | 8.40 | | 10.21 | 11.30 | 12.45 | 13.32 | 16.38 | 18.02 | | 19.34 | 20.24 |
| 札幌大通り着 | 7.35 | 8.44 | | 10.25 | 11.34 | 12.49 | 13.36 | 16.42 | 18.06 | | 19.38 | 20.28 |

### 函館本線

| | | | | | | | | | | | | |
|---|---|---|---|---|---|---|---|---|---|---|---|---|
| 野幌接続 江別方面行 | 6.58 | 8.24 | | 9.58 | 10.58 | 12.11 | 13.07 | 16.32 | 17.32 | | 19.22 | 20.16 |
| 野幌接続 札幌方面行 | 7.22 | 8.16 | | 9.52 | 11.18 | 12.36 | 13.33 | 16.20 | 17.29 | | 19.34 | 20.13 |
| 札幌着 | 7.47 (手稲) | 8.40 (手稲) | | 10.18 | 11.44 | 12.59 | 13.57 | 16.43 | 17.52 | | 19.57 | 20.41 |
| 小樽着 | 8.03 | 8.58 | | | | 13.50 | 14.45 | 17.35 | | | | 22.14 |

### 夕張本町ゆき

#### 函館本線

| | 31 | 33 | 1 | 21 | 23 | 3 | 25 | 5 | 35 | 7 | 27 | 9 | 11 |
|---|---|---|---|---|---|---|---|---|---|---|---|---|---|
| 小樽発 | | 5.32 | | 6.46 | 8.45 | 10.52 | 11.44 | 12.51 | | 14.25 | 16.21 | 17.24 | 18.52 |
| 札幌発 | | 6.30 | 6.47 | 8.00 | 9.36 | 11.47 | 12.35 | 13.44 | | 15.14 | 17.09 | 18.19 | 19.51 |
| 野幌接続 江別方面行 | | 6.57 | 7.09 | 8.23 | 9.58 | 12.11 | 13.07 | 14.03 | | 15.38 | 17.31 | 18.52 | 20.15 |
| 野幌接続 札幌方面行 | | | 7.22 | 8.30 | 9.52 | 12.06 | 12.35 | 13.55 | | 15.51 | 17.28 | 18.26 | 20.12 |

#### 札幌大通り→北海鋼機前間(ワンマンバス)　夕鉄バス

| | | | | | | | | | | | | | |
|---|---|---|---|---|---|---|---|---|---|---|---|---|---|
| 札幌大通り発 | | | 6.40 | 7.50 | 9.30 | 11.35 | 12.30 | 13.35 | | 15.30 | 16.55 | 18.25 | 19.48 |
| 時計台発 | | | 6.41 | 7.51 | 9.31 | 11.36 | 12.31 | 13.36 | | 15.31 | 16.56 | 18.26 | 19.49 |
| 東橋発 | | | 6.43 | 7.53 | 9.33 | 11.38 | 12.33 | 13.38 | | 15.33 | 16.58 | 18.28 | 19.51 |
| 営業所前発 | | | 6.45 | 7.55 | 9.35 | 11.40 | 12.35 | 13.40 | | 15.35 | 17.00 | 18.30 | 19.53 |
| 北海鋼機前着 | | | 7.20 | 8.30 | 10.10 | 12.15 | 13.10 | 14.15 | | 16.10 | 17.35 | 19.05 | 20.28 |

#### …列車…

| 下り | 31 | 33 | 1 | 21 | 23 | 3 | 25 | 5 | 35 | 7 | 27 | 9 | 11 |
|---|---|---|---|---|---|---|---|---|---|---|---|---|---|
| 野幌発 | | | 7.24 | 8.31 | 10.12 | 12.18 | 13.10 | 14.18 | | 16.14 | 17.37 | 19.08 | 20.28 |
| 北海鋼機前発 | | | 7.26 | 8.33 | 10.14 | 12.20 | 13.12 | 14.20 | | 16.16 | 17.39 | 19.10 | 20.30 |
| 上江別発 | | | 7.29 | 8.36 | 10.17 | 12.23 | 13.15 | 14.23 | | 16.19 | 17.42 | 19.13 | 20.33 |
| 下の月発 | | | 7.34 | ↓ | 10.22 | 12.28 | 13.20 | ↓ | | 16.24 | 17.47 | 19.18 | 20.38 |
| 晩翠発 | | | 7.39 | 8.44 | 10.27 | 12.33 | 13.25 | 14.31 | | 16.29 | 17.52 | 19.23 | 20.43 |
| 南幌発 | | | 7.47 | 8.51 | 10.36 | 12.38 | 13.30 | 14.36 | | 16.34 | 17.57 | 19.30 | 20.48 |
| 双葉発 | | | 7.52 | 8.56 | 10.41 | 12.43 | 13.35 | ↓ | | 16.39 | 18.02 | 19.35 | 20.53 |
| 北長沼発 | | | 7.56 | 9.00 | 10.45 | 12.47 | 13.39 | 14.45 | | 16.43 | 18.06 | 19.39 | 20.57 |
| 中央農試前発 | | | ↓ | 9.05 | ↓ | 12.52 | ↓ | ↓ | | ↓ | 18.10 | ↓ | ↓ |
| 栗山着 | | | 8.02 | 9.08 | 10.51 | 12.55 | 13.45 | 14.51 | | 16.49 | 18.14 | 19.45 | 21.03 |
| 栗山接続 夕鉄バス 栗山発 | | | 8.13 | 10.13 | 12.43 | | 14.43 | 16.43 | | | | | |
| 栗山接続 夕鉄バス 岩見沢着 | | | 8.50 | 10.50 | 13.20 | | 15.20 | 17.20 | | | | | |
| 栗山接続 室蘭本線 追分方面行 | | | 8.34 | 9.46 | | 12.28 | 14.15 | 14.15 | | 16.51 | 19.03 | 20.15 | 21.24 |
| 栗山接続 室蘭本線 岩見沢方面行 | | | 7.29 | 9.17 | 11.30 | | 14.45 | | | 17.51 | 19.13 | 20.12 | 22.24 |
| 栗山接続 夕鉄バス 岩見沢発 | | | | | 9.30 | 11.30 | | 14.00 | | 16.00 | | 18.00 | |
| 栗山接続 夕鉄バス 栗山着 | | | | | 10.07 | 12.07 | | 14.37 | | 16.37 | | 18.37 | |
| 栗山発 | | | 8.03 | | | 12.57 | | 14.53 | | 16.55 | | 19.51 | 21.04 |
| 角田発 | | | 8.09 | | | ↓ | | 14.58 | | 17.00 | | ↓ | 21.09 |
| 継立発 | | | 8.15 | | | 13.08 | | 15.04 | | 17.06 | | 20.02 | 21.15 |
| 新二岐発 | | (鉱業所前発 7.47) | 8.23 | | | 13.15 | | 15.10 | (鉱業所前発 16.17) | 17.12 | | 20.08 | 21.21 |
| 錦沢発 | | | 8.44 | | | 13.35 | | 15.23 | | 17.25 | | 20.21 | 21.34 |
| 平和発 | | | 8.53 | | | ↓ | | 15.32 | 16.15 | 17.34 | | 20.30 | 21.43 |
| 若菜発 | 7.15 | 7.50 | 8.57 | | | 13.47 | | 15.36 | 16.20 | 17.38 | | 20.34 | 21.47 |
| 営林署前発 | 7.17 | 7.52 | 8.59 | | | 13.49 | | 15.39 | 16.23 | 17.40 | | 20.36 | 21.49 |
| 鹿ノ谷着 | 7.19 | 7.54 | 9.01 | | | 13.51 | | 15.41 | 16.24 | 17.42 | | 20.38 | 21.51 |
| 鹿ノ谷接続 清水沢方面行 | 7.22 | 8.48 | 10.00 | | | 15.22 | | 16.23 | | 17.45 | | 20.49 | 22.05 |
| 鹿ノ谷接続 夕張行 | | 8.02 | 8.29 | | | | | 16.03 | 16.44 | | | 20.47 | 21.40 |
| 鹿ノ谷発 | 7.20 | 7.55 | 9.02 | | | 13.52 | | 15.42 | 16.25 | 17.45 | | 20.39 | 21.52 |
| 末広発 | 7.23 | 7.57 | 9.04 | | | 13.55 | | 15.45 | 16.28 | 17.47 | | 20.41 | 21.54 |
| 夕張本町着 | 7.26 | 8.00 | 9.07 | | | 13.58 | | 15.48 | 16.31 | 17.50 | | 20.44 | 21.57 |

## 札幌急行バス時刻表

### 札幌ゆき

| 停留所＼便名 | 2 | 4 | 6 | 8 | 10 | 12 | 14 | 16 |
|---|---|---|---|---|---|---|---|---|
| 夕張鉱業所 | 7.30 | | | 11.00 | | | 16.00 | 18.00 |
| 夕張駅前 | 7.32 | | | 11.02 | | | 16.02 | 18.02 |
| 北高前 | 7.40 | | | 11.10 | | | 16.10 | 18.10 |
| 鹿ノ谷駅前 | 7.42 | — | | 11.12 | — | | 16.12 | 18.12 |
| 大夕張 | ｜ | 7.30 | | ｜ | 13.20 | — | ｜ | ｜ |
| 真谷地 | ｜ | ｜ | | ｜ | ｜ | 14.40 | ｜ | ｜ |
| 沼の沢 | ｜ | ｜ | — | ｜ | ｜ | 14.55 | ｜ | ｜ |
| 清水沢 | ｜ | 8.10 | 10.00 | ｜ | 14.00 | 15.05 | ｜ | ｜ |
| 若菜 | 7.50 | ※8.20 | ※10.10 | 11.20 | 14.10 | 15.15 | 16.20 | 18.20 |
| 千代田 | 7.51 | 8.21 | 10.11 | 11.21 | 14.11 | 15.16 | 16.21 | 18.21 |
| 新二岐駅前 | 7.59 | 8.29 | 10.19 | 11.29 | 14.19 | 15.24 | 16.29 | 18.29 |
| 継立駅前 | 8.03 | 8.33 | 10.23 | 11.33 | 14.23 | 15.28 | 16.33 | 18.33 |
| 夕張橋 | 8.08 | 8.38 | 10.28 | 11.38 | 14.28 | 15.33 | 16.38 | 18.38 |
| 由仁駅前 | 8.17 | 8.47 | 10.37 | 11.47 | 14.37 | 15.42 | 16.47 | 18.47 |
| 中央長沼 | 8.27 | 8.57 | 10.47 | 11.57 | 14.47 | 15.52 | 16.57 | 18.57 |
| 札幌大通り | 9.15 | 9.45 | 11.35 | 12.45 | 15.35 | 16.40 | 17.45 | 19.45 |

### 夕張・真谷地・大夕張ゆき

| 停留所＼便名 | 1 | 3 | 5 | 7 | 9 | 11 | 13 | 15 |
|---|---|---|---|---|---|---|---|---|
| 札幌大通り | 8.00 | 10.00 | 11.00 | 13.30 | 15.30 | 17.00 | 18.00 | 19.20 |
| 中央長沼 | 8.48 | 10.48 | 11.48 | 14.18 | 16.18 | 17.48 | 18.48 | 20.08 |
| 由仁駅前 | 8.58 | 10.58 | 11.58 | 14.28 | 16.28 | 17.58 | 18.58 | 20.18 |
| 夕張橋 | 9.07 | 11.07 | 12.07 | 14.37 | 16.37 | 18.07 | 19.07 | 20.27 |
| 継立駅前 | 9.12 | 11.12 | 12.12 | 14.42 | 16.42 | 18.12 | 19.12 | 20.32 |
| 新二岐駅前 | 9.16 | 11.16 | 12.16 | 14.46 | 16.46 | 18.16 | 19.16 | 20.36 |
| 千代田 | 9.24 | 11.24 | 12.24 | 14.54 | 16.54 | 18.24 | 19.24 | 20.44 |
| 若菜 | 9.25 | 11.25 | 12.25 | 14.55 | 16.55 | 18.25 | 19.25 | 20.45 |
| 清水沢 | ｜ | 11.35 | 12.35 | ｜ | 17.05 | 18.35 | ｜ | ｜ |
| 沼の沢 | ｜ | — | 12.45 | ｜ | ｜ | ｜ | ｜ | ｜ |
| 真谷地 | ｜ | | 13.00 | ｜ | ｜ | ｜ | ｜ | ｜ |
| 大夕張 | ｜ | | — | ｜ | 17.45 | 19.15 | ｜ | ｜ |
| 鹿ノ谷駅前 | 9.33 | | | 15.03 | — | — | 19.33 | 20.53 |
| 北高前 | 9.35 | | | 15.05 | | | 19.35 | 20.55 |
| 夕張駅前 | 9.43 | | | 15.13 | | | 19.43 | 21.03 |
| 夕張鉱業所 | 9.45 | | | 15.15 | | | 19.45 | 21.05 |

◎ 若菜～夕張鉱業所間は各停留所に停車いたします。　◎ ※印は、札急接続の市内バスを運行いたしておりますのでご利用下さい。

鉄道・バス
広告は
走る宣伝
カーです!!

車内・各駅・
時刻表の
広告申込は
本社　運輸課
（夕張3171）
又は
夕鉄共栄社
（夕張3434）
へ………

※中央農試前駅開設。列車＋連絡バスによる夕張本町～札幌大通り間は6往復。一方直通バスは8往復。この頃になると他にも夕張駅前や大夕張駅前から札幌行きの北海道中央バス、三菱鉱業(美唄鉄道事務所)バスが運行された。

開業から廃線までの輸送状況・収支および1966(昭和41)年10月改正以降の列車運行本数の変遷は別表の通り。

### ■輸送数量表・営業損益

『私鉄統計年報』「概況資料　夕張鉄道」より

| 年度 | | 旅客(人) | 貨物(t) | 営業収入(千円) | 営業費(千円) | 営業損益(千円) | 摘要 |
|---|---|---|---|---|---|---|---|
| 西暦 | 和暦 | | | | | | |
| 1926 | 大15 | 130,432 | 158,814 | | | | |
| 1927 | 昭2 | 379,748 | 502,725 | | | | |
| 1928 | 昭3 | 398,002 | 486,751 | | | | |
| 1929 | 昭4 | 385,598 | 476,339 | | | | |
| 1930 | 昭5 | 324,162 | 177,490 | | | | |
| 1931 | 昭6 | 309,750 | 173,983 | | | | |
| 1932 | 昭7 | 270,958 | 177,211 | | | | |
| 1933 | 昭8 | 275,077 | 210,845 | | | | |
| 1934 | 昭9 | 302,247 | 225,061 | | | | |
| 1935 | 昭10 | 321,683 | 245,104 | | | | |
| 1936 | 昭11 | 347,870 | 367,300 | | | | |
| 1937 | 昭12 | 433,005 | 574,160 | | | | 平和炭砿開坑 |
| 1938 | 昭13 | 996,282 | 543,981 | | | | |
| 1939 | 昭14 | 1,312,197 | 606,519 | | | | |
| 1940 | 昭15 | 1,445,645 | 683,712 | | | | |
| 1941 | 昭16 | 1,560,015 | 651,015 | 900 | 669 | 231 | |
| 1942 | 昭17 | 1,666,593 | 820,383 | | | | |
| 1943 | 昭18 | 1,823,893 | 981,926 | | | | 夕張市政施行 |
| 1944 | 昭19 | 1,710,126 | 887,901 | 1,685 | 1,084 | 601 | |
| 1945 | 昭20 | 2,221,979 | 710,692 | 1,975 | 1,773 | 202 | |
| 1946 | 昭21 | 2,452.374 | 488,572 | 5,757 | 6,221 | △464 | |
| 1947 | 昭22 | 2,240,501 | 532,375 | 24,252 | 24,944 | △670 | |
| 1948 | 昭23 | 1,967,817 | 630,731 | 85,963 | 88,452 | △2,489 | |
| 1949 | 昭24 | 1,864,949 | 595,363 | 103,286 | 100,107 | △3,159 | |
| 1950 | 昭25 | 1,362,093 | 669,257 | 133,073 | 126,811 | 6,262 | |
| 1951 | 昭26 | 1,680,924 | 774,773 | 162,014 | 158,013 | 4,001 | |
| 1952 | 昭27 | 1,752,820 | 789,375 | 189,397 | 184,145 | 5,252 | |
| 1953 | 昭28 | 1,606,411 | 1.033,454 | 243,315 | 230,516 | 12,799 | |
| 1954 | 昭29 | 1,483,456 | 1,094,232 | 250,942 | 242,563 | 8,379 | |
| 1955 | 昭30 | 1,422,449 | 1,159,790 | 260,924 | 253,206 | 7,718 | |
| 1956 | 昭31 | 1,496,181 | 1,255,857 | 273,271 | 262,541 | 10,730 | |
| 1957 | 昭32 | 1,745,419 | 1,344,756 | 318,253 | 304,847 | 13,406 | |
| 1958 | 昭33 | 1,929,120 | 1,210,754 | 300,050 | 284,140 | 15,909 | |
| 1959 | 昭34 | 2,059,747 | 1,411,496 | 342,567 | 321,524 | 21,043 | |
| 1960 | 昭35 | 2,050,856 | 1,530,691 | 361,444 | 332,971 | 15,758 | 夕張市最多人口11.6万人記録 |
| 1961 | 昭36 | 1,971,680 | 1,617,730 | 394,220 | 376,333 | 17,887 | |
| 1962 | 昭37 | 1,899,157 | 1,730,991 | 425,126 | 407,883 | 15,242 | |
| 1963 | 昭38 | 1,861,342 | 1,853,463 | 441,003 | 421,078 | 19,925 | |
| 1964 | 昭39 | 1,892,517 | 1,822,159 | 418,336 | 392,769 | 25,167 | |
| 1965 | 昭40 | 1,778,675 | 1,997,567 | 446,700 | 418,954 | 27,746 | |
| 1966 | 昭41 | 1,616,982 | 2,026,542 | 501,969 | 459,023 | 42,946 | 夕張市最大出炭量 426万t 記録 |
| 1967 | 昭42 | 1,428,729 | 1,878,963 | 460,801 | 455,798 | 5,063 | |
| 1968 | 昭43 | 1,268,747 | 1,564,125 | 395,738 | 421,232 | △25,493 | 平和炭砿事故 |
| 1969 | 昭44 | 1,088,231 | 1,740,688 | 412,542 | 395,955 | 16,587 | |
| 1970 | 昭45 | 1,032,545 | 1,726,604 | 419,206 | 406,660 | 12,545 | 角田炭砿閉山 |
| 1971 | 昭46 | 565,038 | 1,564,263 | 412,649 | 399,541 | 13,102 | 栗山・夕張本町間旅客廃止 |
| 1972 | 昭47 | 350,968 | 1,648,462 | 441,385 | 435,301 | 6,084 | 新夕張炭砿閉山 |
| 1973 | 昭48 | 322,180 | 1,422,374 | 377,615 | 421,220 | △43,607 | 49/3 野幌・栗山間旅客営業休止 |
| 1974 | 昭49 | | 1,205,800 | 379,627 | 503,147 | △123,520 | 50/3 平和炭砿閉山 |

・1965(昭和40)年度の車扱貨物輸送量193.6万tの内訳は石炭147.5万t、木材13.3万t、金属11.9万t、石炭製品10.4万t、石油製品2.5万t、米2.0万t、化学薬品1.9万t、化学肥料1.2万t、砂利0.9万t、青果品0.6万tであった。

**■列車運行本数状況表（営業列車のみ・夕張鉄道資料より作成）**

資料作成：奥山道紀

| | 改正年月日 | 1966.10.1 | 1967.10.1 | 1968.10.1 | 1969.5.1 | 1969.10.1 | 1970.4.1 | 1970.10.1 | 1970.12.10 | 1971.11.15 | 1972.3.15 | 1972.10.1 | 1973.10.1 | 1974.4.1 | 1975.1.11 |
|---|---|---|---|---|---|---|---|---|---|---|---|---|---|---|---|
| | 区間 | （昭和41） | （昭和42） | （昭和43） | （昭和44） | | （昭和45） | | | （昭和46） | （昭和47） | | （昭和48） | （昭和49） | （昭和50） |
| 旅客 | 野幌～夕張本町 | 16 | 14 | 12 | 12 | 12 | 7 | 7 | 1 | | | | | | |
| | 野幌～鹿ノ谷 | | | | | | 1 | 1 | 1 | | | | | | |
| | 野幌～栗山 | 2 | 6 | 8 | 8 | 8 | 12 | 12 | 12 | 14 | 14 | 14 | 14 | | |
| | 野幌～新二岐 | 2 | | | | | | | | | | | | | |
| | 錦沢～夕張本町 | 1 | | | | | | | | | | | | | |
| | 平和～夕張本町 | 1 | 1 | 1 | 1 | 1 | 1 | 1 | | | | | | | |
| | 鉱業所前～夕張本町 | 2 | 2 | 2 | 2 | 2 | 2 | 2 | 4 | | | | | | |
| | 若菜～夕張本町 | 1 | 1 | 1 | 1 | 1 | 1 | 2 | 2 | | | | | | |
| | 鹿ノ谷～夕張本町 | 2 | 1 | 1 | 1 | 1 | 1 | | | | | | | | |
| | 計 | 27 | 25 | 25 | 25 | 25 | 25 | 25 | 20 | 14 | 14 | 14 | 14 | | |
| 貨物 | 野幌～鹿ノ谷 | 6 | 6 | 6 | 4 | 4 | 4 | 4 | 4 | 4 | 4 | 4 | 4 | 4 | 4 |
| | 南幌～鹿ノ谷 | 2 | | | | | | | | | | | | | |
| | 北長沼～鹿ノ谷 | 2 | 2 | | 2 | 2 | | | | | | | | | |
| | 栗山～鹿ノ谷 | 6 | 6 | 6 | 4 | 4 | 6 | 6 | 6 | 6 | 8 | 8 | 8 | 6 | 4 |
| | 新二岐～鹿ノ谷 | 5 | 6 | 2 | 6 | 6 | 6 | 6 | 6 | 4 | 4 | 4 | 4 | 2 | 2 |
| | 平和～鹿ノ谷 | 3 | 3 | 3 | 3 | 3 | 3 | 3 | 3 | 4 | 3 | 2 | 2 | 3 | 2 |
| | 若菜～鹿ノ谷 | 2 | 3 | 4 | 3 | 3 | 3 | 3 | 4 | 4 | 4 | 2 | 2 | 2 | 2 |
| | 若菜～夕張本町 | | | | 2 | 2 | 2 | 1 | | | | | | | |
| | 鹿ノ谷～夕張本町 | 2 | 2 | 2 | | | | 1 | 2 | | | | | | |
| | 平和～若菜 | | | | | | | | | | | 1 | | | |
| | 計 | 28 | 28 | 23 | 24 | 24 | 24 | 24 | 25 | 22 | 23 | 21 | 20 | 17 | 14 |

## 1．12 夕張鉄道の施設

軌間：1,067mm

線路延長本線：53,287m

側線：12,988m

営業キロ程：53.2km

軌条：30kg第３種　37kg第３種

橋梁：21ヶ所（延長732m）

溝橋：67ヶ所（延長103m）

ずい道：３ヶ所（延長1,063.69m）

跨線道路橋・架道橋：８箇所

踏切道：第一種　２箇所　第三種　４箇所
第四種　88箇所　計94箇所

停車場：14（内国鉄併用３）／停留場：７

機関区・客貨車区：鹿ノ谷

機関車駐泊場：野幌

（私鉄統計年報・昭和42年度）

転車台所在地：鹿ノ谷・野幌

閉塞方式：タブレット閉塞式。晩年は終端部の鹿ノ谷～夕張本町間は大同Ｄ型閉塞器、スタフ閉塞式に変更。駅業務の合理化により発生した夜間併合閉塞区間には大同Ｄ型閉塞器を使用した。

**■夕張鉄道勾配図**

資料所蔵：渡部　洋

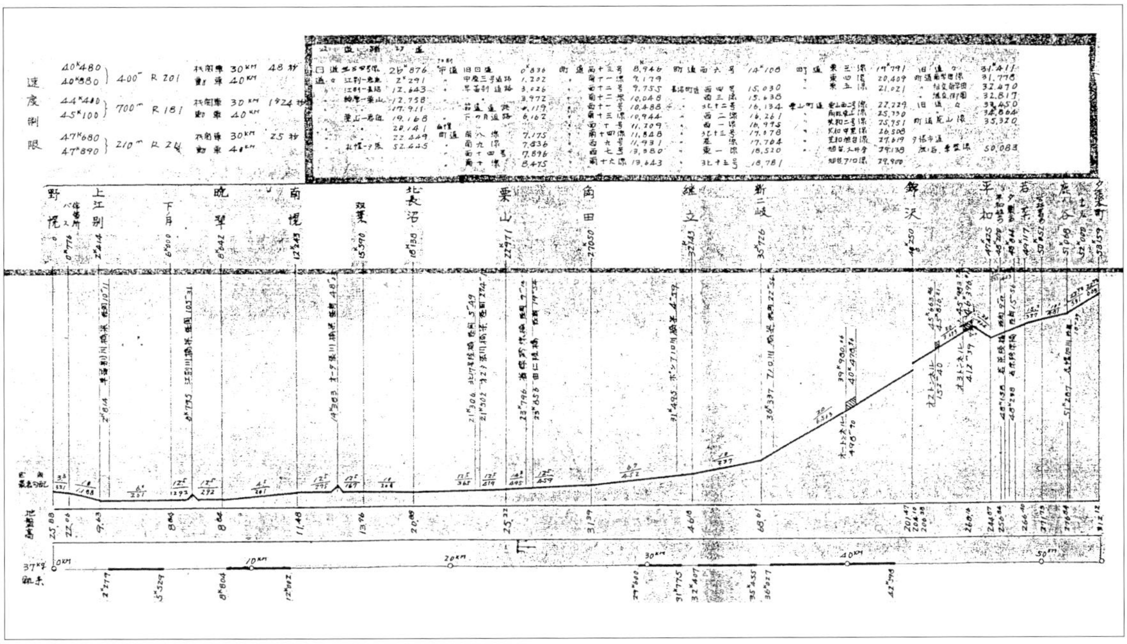

函館本線との接続駅、野幌駅の３番ホームに停車中のキハ252。夕張鉄道野幌～夕張本町間53.2kmの旅はここから始まる。
1968年　P：石田　司

## 2. 夕張鉄道各駅停車

### ～1965(昭和40)年５月・野幌発夕張本町行「13列車」に乗って～

夕張鉄道の廃線跡は、野幌～北長沼間は広域農道・きらら街道(空知南部広域農道)となり、また新二岐近くの夕張市富野から終点の夕張本町、更にその奥へ延びていた専用線跡も一時期は自転車道に転用されていた。その痕跡は今も各所に見られる。

ここでは、1965(昭和40)年頃の沿線風景を中心として「過去」と「現在」を旅してみたい。

※各駅配線図出典：『夕張鉄道停車場平面略図』
昭和38年調査　　資料所蔵：渡部　洋

**●野幌(のっぽろ・起点0km)**

函館本線の列車が発着する野幌駅。札幌から岩見沢方面に向かい４番目の駅で夕張鉄道の列車は３番線ホームに発着する。駅周辺には農業倉庫が建ち、煉瓦工場も多い。駅ホームでの立売りもあった「煉化餅」が名物でもある。

定刻の９時25分、国鉄列車からの乗継客は意外に少なく３両編成の夕張本町行きの気動車列車は出発した。

札幌市の東隣に位置する江別市の開基は1878(明治11)年の屯田兵入植に始まり、明治中期には野幌地区で北海道炭礦鉄道により鉱山・土木資材として陶土を利用した煉瓦製造が開始され窯業の中心地となった。市政施行は1954(昭和29)年。

**■北海道全線時間表 1965(昭和40)年1月号　弘済出版社**
資料所蔵：奥山道紀

39.10.1 改正　(夕張鉄道)　**野幌・夕張本町間**　気　連

| 下り 31 | 33 | 11 | 13 | 15 | 17 | 35 | 19 | 21 | 急行 1 | 23 | 運賃 | 駅名 | キロ程 | 上り 12 | 14 | 32 | 急行 2 | 16 | 18 | 20 | 22 | 34 | 36 | 急行 4 | 24 | 38 |
|---|---|---|---|---|---|---|---|---|---|---|---|---|---|---|---|---|---|---|---|---|---|---|---|---|---|---|
| …… | …… | 730 | 925 | 1225 | 1418 | …… | 1523 | 1743 | 1855 | 2010 | 円 | 発 野幌 着 | 53.2 | 646 | 807 | …… | 903 | 1038 | 1308 | 1454 | 1722 | …… | …… | 1818 | 1940 | …… |
| …… | …… | 735 | 930 | 1230 | 1424 | …… | 1528 | 1748 | レ | 2015 | 20 | 〃 上江別 発 | 50.8 | 641 | 802 | …… | レ | 1032 | 1302 | 1448 | 1716 | …… | …… | レ | 1934 | …… |
| …… | …… | 742 | 937 | 1240 | 1431 | …… | 1537 | 1758 | レ | 2024 | 40 | 〃 晩翠 〃 | 44.6 | 631 | 752 | …… | レ | 1024 | 1253 | 1441 | 1706 | …… | …… | レ | 1927 | …… |
| …… | …… | 750 | 943 | 1247 | 1436 | …… | 1543 | 1805 | 1909 | 2030 | 60 | 〃 南幌 〃 | 41.0 | 626 | 747 | …… | 849 | 1019 | 1248 | 1436 | 1701 | …… | …… | 1804 | 1922 | …… |
| …… | …… | 800 | 952 | 1257 | 1443 | …… | 1552 | 1814 | レ | 2036 | 80 | 〃 北長沼 〃 | 35.1 | 620 | 737 | …… | レ | 1009 | 1239 | 1428 | 1651 | …… | …… | レ | 1916 | …… |
| …… | …… | 812 | 1004 | 1305 | 1455 | …… | 1602 | 1824 | 1922 | 2044 | 90 | 〃 栗山 〃 | 30.2 | 614 | 731 | …… | 838 | 1003 | 1233 | 1422 | 1645 | …… | …… | 1753 | 1907 | …… |
| …… | …… | 817 | 1009 | 1311 | 1500 | …… | 1607 | 1830 | レ | 2049 | 110 | 〃 角田 〃 | 26.1 | 608 | 721 | …… | レ | 947 | 1221 | 1410 | 1632 | …… | …… | レ | 1855 | …… |
| …… | …… | 827 | 1015 | 1318 | 1506 | …… | 1613 | 1837 | レ | 2055 | 130 | 〃 継立 〃 | 21.1 | 602 | 715 | …… | レ | 940 | 1215 | 1404 | 1625 | …… | …… | レ | 1849 | …… |
| …… | …… | 833 | 1021 | 1325 | 1514 | …… | 1619 | 1845 | レ | 2101 | 150 | 〃 新二岐 〃 | 17.5 | 557 | 709 | …… | レ | 935 | 1210 | 1359 | 1620 | …… | …… | レ | 1844 | …… |
| …… | …… | 848 | 1037 | 1346 | 1529 | …… | 1635 | 1905 | レ | 2116 | 180 | 〃 錦沢 〃 | 9.9 | 547 | 656 | — | レ | 924 | 1200 | 1346 | 1609 | — | …… | レ | 1834 | …… |
| 730 | 753 | 901 | 1050 | 1401 | 1544 | 1622 | 1647 | 1921 | 2004 | 2129 | 200 | 〃 若菜 〃 | 4.1 | 535 | 644 | 744 | 802 | 911 | 1147 | 1330 | 1556 | 1611 | — | 1717 | 1822 | — |
| 738 | 759 | 907 | 1055 | 1407 | 1551 | 1627 | 1653 | 1927 | 2008 | 2135 | 210 | 発 鹿ノ谷 〃 | 2.1 | 530 | 638 | 740 | 759 | 906 | 1142 | 1325 | 1550 | 1607 | 1642 | 1714 | 1817 | 2024 |
| 743 | 805 | 912 | 1101 | 1414 | 1556 | 1632 | 1658 | 1933 | 2012 | 2140 | 220 | 着 夕張本町 発 | 0.0 | 525 | 633 | 732 | 755 | 900 | 1136 | 1318 | 1544 | 1602 | 1638 | 1710 | 1812 | 2020 |

夕張鉄道の野幌駅ホームは、
２番線の函館本線札幌方面と
隣り合う形で配置されている。
1968.9.3　P：荻原二郎

近年は札幌市郊外のベットタウン、文教都市として発展し同駅周辺にも高層マンションが目立ち、新駅舎も2011(平成23)年10月に高架化開業した。

野幌駅は北海道炭礦鉄道の駅として1889(明治22)年11月３日に開業し、夕張鉄道は1930(昭和５)年11月３日に乗入れを開始、1974(昭和49)年４月１日旅客営業休止。1975(昭和50)年４月１日に廃止となった。

野幌駅舎は国鉄線と共同使用であった。　1968年　P：石田　司

野幌駅構内の駐泊所前に留置されたキハ253ほかDTD３両編成。
1964.9.1　P：荻原二郎

**■野幌駅配線図**

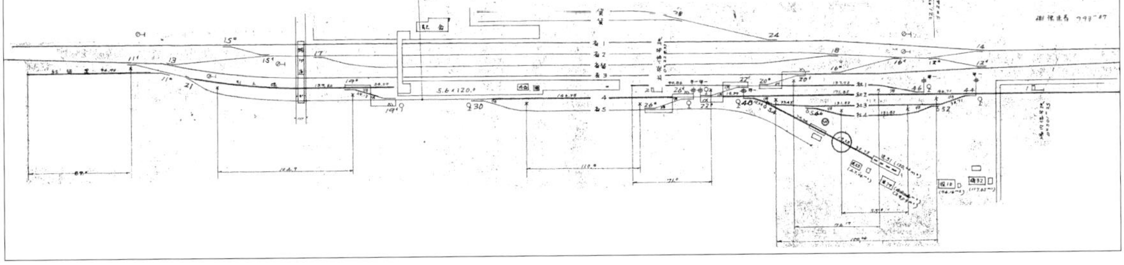

札幌大通への連絡バスが接続した北海鋼機前駅。旧称は「野幌バス停留所」で、当初よりバス連絡用として新設された。
1967年　P：石田　司

**●北海鋼機前（ほっかいこうきまえ・野幌起点0.8km）**

夕張からの機関車が休む野幌駐泊所やレンガ造りの肥田製陶工場を横目に過ぎると北海鋼機前である。

札幌大通と40分程で結ぶ同社連絡バスの発着駅でもあり、ホームに横付けされたバスから多くの連絡客が乗ってくる。

六角形の駅舎建物と旧型客車を改造したトイレが名物である。

北海鋼機前駅は1956（昭和31）年12月１日に「野幌バス停留所」として開業し、1964（昭和39）年７月１日に北海鋼機前と改称され、金属製品加工の北海鋼機の工場に北海鋼機専用線（0.5km）が分岐する。

1974（昭和49）年４月１日に旅客営業休止。1975（昭和50）年４月１日に廃止となった。

現在では製陶工場跡が商業施設・EBRIに、駅舎跡はパチンコ遊技場となっているが、その向いに夕鉄野幌バスターミナルが残る。

付近には、広域農道「きらら街道」に面して腕木信号機を利用した夕張鉄道の記念碑が建てられている。

連絡バス待機のため北海鋼機前の駅前にあった夕鉄バス野幌車庫。
1991年　P：奥山道紀

旧称の「野幌バス停留場」であった時代、夕張鉄道の客車からバスに乗り換える乗客たち。
1962.6.15
P所蔵：江別市郷土資料館

「野幌バス停留場」の開業前に札幌連絡バス発着に使用された上江別駅。　1956.9.20　出典：ゆうてつ50年のあゆみ(夕張鉄道発行)

札幌大通を走る夕鉄バス。上江別駅での列車＋バス連絡で札幌市街への乗入れが実現した。
1956.9.20　出典：ゆうてつ50年のあゆみ(夕張鉄道発行)

## ●上江別(かみえべつ・野幌起点2.4km)

列車が上江別まで来ると田圃が広がる。

上江別駅は野幌延長時の1930(昭和５)年11月３日に開業。開業当初は王子製紙工場へ、夕張方面より切り出された木材が貨車から卸され、馬橇などで搬入されたが、後に側線は廃止され停留所化された。

また1956(昭和31)年９月20日から、野幌バス停留所開業の12月1日までの短期間、暫定的に札幌大通への連絡バスの乗り入れも行なわれた。

1974(昭和49)年４月１日に旅客営業休止。1974(昭和49)年10月１日に廃止となった。

昭和40年代後半より宅地化が進み現在では野幌駅周辺同様札幌のベットタウンとなっている。

## ●下の月(しものつき・野幌起点6.0km)

早苗別川を渡り暫く進むと下の月で、周辺農家の為に1959(昭和34)年４月１日に停留所として開業した。

1974(昭和49)年４月１日に旅客営業休止。1974(昭和49)年10月１日に廃止となった。

周辺は現在も純然たる農業地帯である。

## ●晩翠(ばんすい・野幌起点8.6km)

列車が千歳川の河川堤防に駆け上がり、江別川橋梁で千歳川を渡り南幌町に入ると、晩翠駅である。

付近の農産物の集散地として1930(昭和５)年11月３日に開設。

1974(昭和49)年４月１日旅客営業休止。1975(昭和50)年４月１日廃止となった。

現在も広域農道に面して駅跡を示す標柱が建ち、向かいにはレンガ造りの農業倉庫が残っている。

現在、周辺には南幌温泉が開設され、また晩翠工業団地が整備されている。

下の月停留場。簡易乗降場並みの簡素な木製ホームであった。
1967年　P：石田　司

晩翠駅のホームと駅舎。農業倉庫前の側線は写真の時点では撤去されている。
1967年　P：石田　司

■晩翠駅配線図

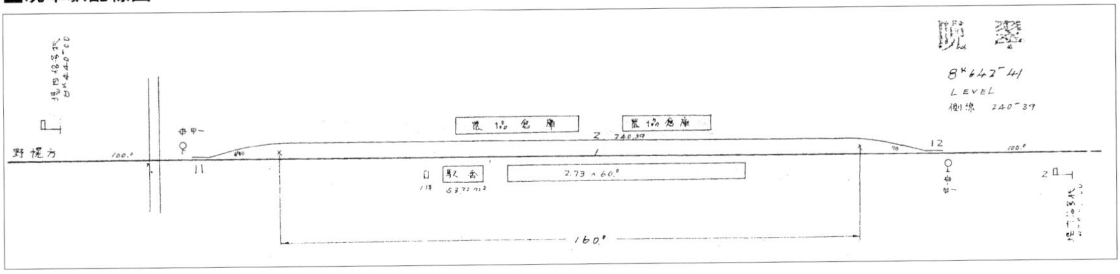

モダンな造りの南幌駅舎。
1965年頃　P所蔵：夕張鉄道

**●南幌(なんぽろ・野幌起点12.2km)**

田園地帯を列車が横切ると南幌駅である。

南幌向として1930(昭和５)年11月３日に開業。周辺は北海道有数の稲作地帯で農産物の集散地でもある。駅周辺に農業倉庫が建ち並ぶ。

1963(昭和38)年４月５日に南幌(みなみほろ)に改称、さらに1968(昭和43)年４月５日南幌(なんぽろ)に改称した。

通勤通学客でにぎわう南幌駅。　1968.9.5　P：荻原二郎

南幌向駅として開業直後の頃。
1930年　P出典：全線完成記念写真帖(夕張鉄道発行)

南幌町近辺は空知南部の穀倉地帯だが1962(昭和37)年５月に幌向村から、南幌町となった。

1974(昭和49)年４月１日に旅客営業休止。1975(昭和50)年４月１日廃止となった。

現在は札幌の衛星都市になりつつあり、駅跡には物産館・バスターミナル「南幌ビューロ」と南幌町保健福祉総合センター「あいくる」が建っている。

**■南幌駅配線図**

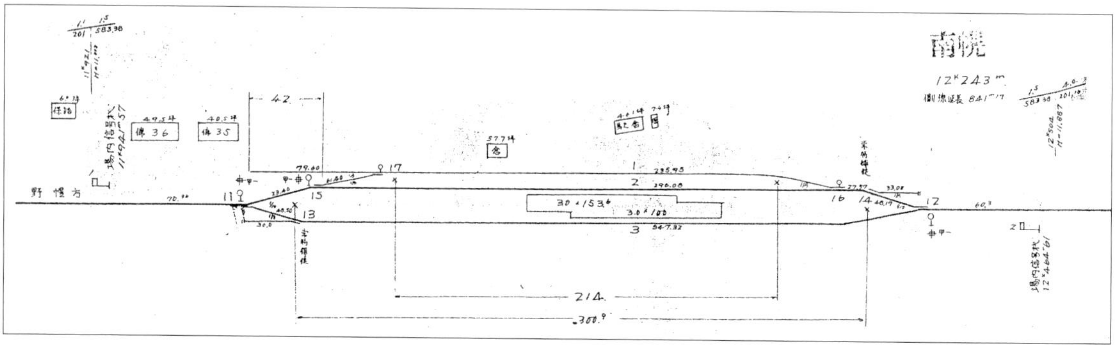

## ●双葉(ふたば・野幌起点15.6km)

南幌から再び田園地帯を横切り走ると双葉駅である。1959(昭和34)年9月22日に停留所として開設。

1974(昭和49)年4月1日に旅客営業休止。1974(昭和49)年10月1日廃止となった。

現在も付近は純然たる農業地帯である。

## ●北長沼(きたながぬま・野幌起点18.1km)

馬追丘陵を右手に眺め田園地帯を進むと北長沼駅である。1930(昭和5)年11月3日長沼として開業。1954(昭和29)年1月15日に北長沼に改称している。

1974(昭和49)年4月1日 旅客営業休止。1975(昭和50)年4月1日に 廃止となった。

南幌と同じく周辺の農産物の集散地であり、現在でも駅跡周辺には農業倉庫が残っている。

長沼町も、南幌と同じ農業都市で1952(昭和27)年に町制施行された。

北長沼を出て馬追丘陵の北端を廻り込むように進む。野幌起点20.9km地点には、1969(昭和44)年5月1日に中央農試前として近隣住民の為に乗降場が開設された(1974(昭和49)年4月1日旅客営業休止。同年10月1日廃止)。

やがて第二夕張川橋梁のトラス3連が見えて来る。

双葉停留場のホーム。木材を組んだ簡素な駅である。
1967年　P：石田　司

当初は長沼駅として開業した北長沼駅。　1967年　P：石田　司

旅客休止の5年前に新設された中央農試前駅。写真は開業当日の模様。
1969.5.1　P：志賀秋人

■北長沼駅配線図

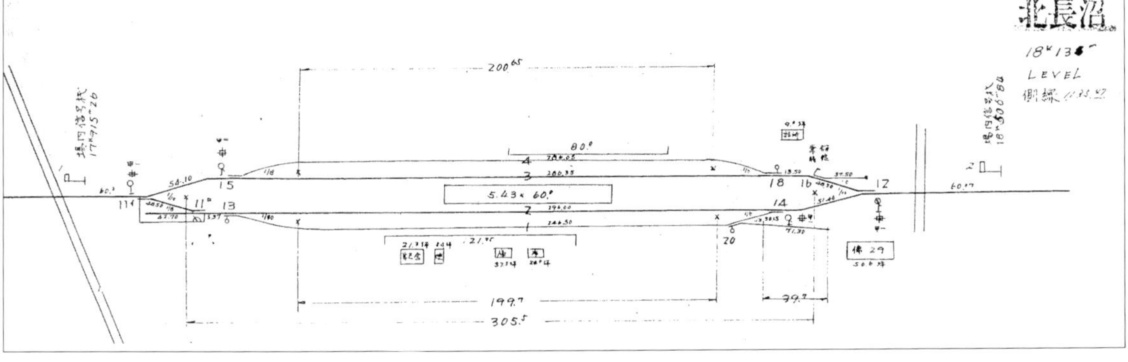

国鉄室蘭本線に接続する栗山駅。夕鉄栗山駅構内の給水塔と蒸気機関車25号機。　1967年　P：石田　司

**●栗山（くりやま・野幌起点23.0km）**

築堤を上り第二夕張川橋梁で夕張川を渡る。色灯式の遠方信号機を見て半径302mのカーブを回り込むと室蘭本線との接続駅である栗山駅である。

対向のホームには夕張本町を9時に出た、ナハニフを挟みこんだ3両編成の16Dが停車している。構内には夕張からの石炭貨車も停車しており、室蘭・苫小牧方面への貨車はここで国鉄に引き渡される。

駅前には農村地帯へのバスも待ち、ホームで売られた名物の「栗まんじゅう」の人気も高い。

栗山駅は北海道炭礦鉄道の駅として1893（明治26）年7月1日に開業。

夕張鉄道は開業と同時の1926（大正15）年10月14日に乗入れを開始。続いて1930（昭和5）年11月3日野幌駅～当駅間が開業した。

「栗山」の地名はアイヌ語の「ヤム・ニ・ウシ」に由来し、「栗の木の繁茂しているところ」を意味する。1888（明治21）年5月16日宮城県角田藩士泉麟太郎氏等24人が阿野呂川左岸（角田）に入植したのがその始まりで、1900（明治33）年に角田村戸長役場が設置され、その後農業、炭鉱開発で発展し、1949（昭和24）年に町制が施行され栗山町となった。

1974（昭和49）年4月1日野幌～栗山間の旅客営業休止、1975（昭和50）年4月1日に夕張鉄道の乗入は

**■栗山駅配線図**

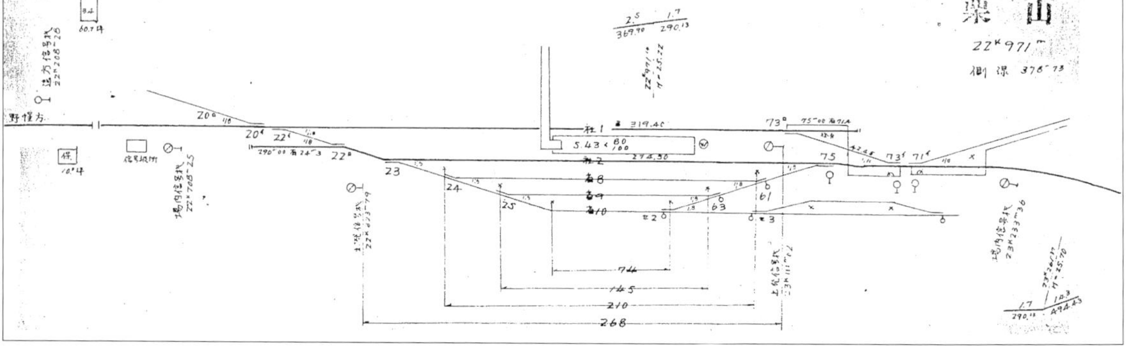

栗山駅舎は国鉄室蘭本線と共同使用であった。　1967年　P：石田　司

栗山駅にあったスタンプ。　所蔵：奥山道紀

廃止となった。

　現在は農業の他、企業誘致による農業・工業都市として発展しており、室蘭本線の現駅舎はEkiとして公共施設が併設されている。

栗山駅夕鉄ホームにあった駅名標。中央農試前乗降場はこの時点ではまだ存在しない。　1965年頃　P所蔵：栗山町開拓記念館

さまざまな貨車が留置される栗山駅構内の様子。
1965年頃　P所蔵：栗山町開拓記念館

栗山駅５番ホームに停車するキハ202。
1965年頃
P所蔵：栗山町開拓記念館

**●角田**(かくた・野幌起点27.1km)

列車は栗山を出ると勾配を登り栗山陸橋で室蘭本線を越える。続いて国道234号のこ線橋の下を抜けると角田駅である。

角田駅は1926(大正15)年10月14日開設、その後交通事情の変化により1962(昭和37)年9月1日に野幌起点27.4km地点より新築移転している。

夕張本町～栗山間の旅客営業廃止の為、1971(昭和46)年11月15日 廃止となった。

駅跡近くには町開基の地を記念した「栗山町開拓記念館」がある。

モルタル造りの角田駅舎。　1967年　P：石田　司

**■角田駅配線図**

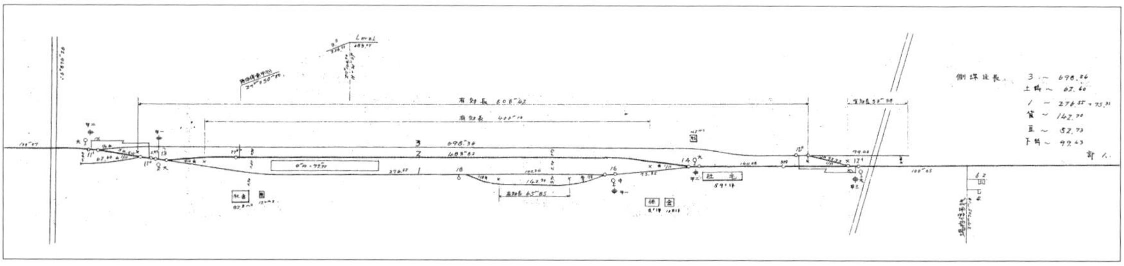

**●継立**(つぎたて・野幌起点32.1km)

多数のチューリップに彩られた継立駅舎。 1967年　P：石田　司

角田を出ると、道道札幌夕張線と角田跨線橋で交差し夕張山地から張り出た丘陵地帯を迂回すると継立駅である。

駅に隣接して農業倉庫が建ち、ここで石炭貨車を連ねた貨物102列車と交換する。

継立駅は1926(大正15)年10月14日に開業。当初は周辺から坑内充填用火山灰の採取も行われ、また一時期ホームで「百合まんぢゅう」も販売された。

1971(昭和46)年11月15日に旅客営業廃止、1975(昭和50)年4月1日 廃止となった。

駅舎は、現在も会社の事務所として利用され残っている。

**■継立駅配線図**

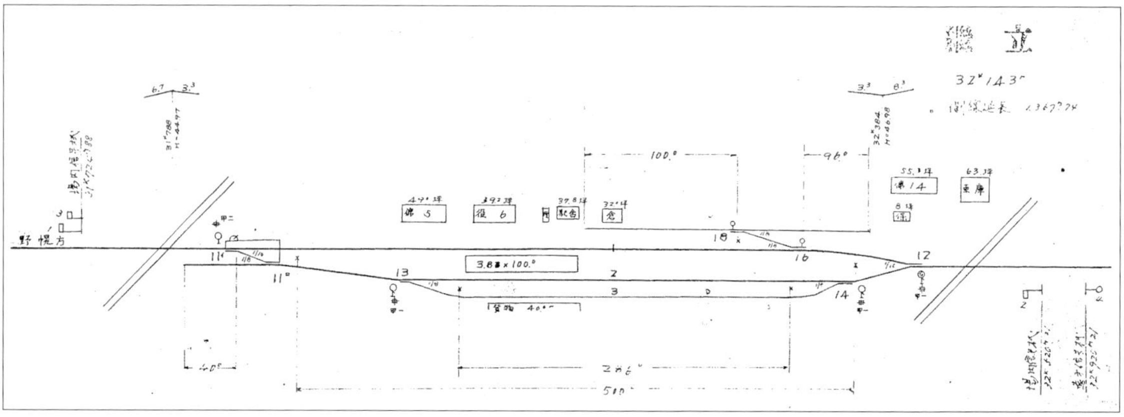

特徴的な形態の新二岐駅舎。建物は廃止後も2023(令和５)年まで残されていた。
1967年　P：石田　司

**●新二岐（しんふたまた・野幌起点35.7km）**

列車は道道札幌夕張線に沿って進む。阿野呂川に沿う山地も狭まって来ると新二岐駅である。新二岐駅は1926(大正15)年10月14日に開業した。

1934(昭和９)年４月には石炭搬出のため新二岐～角田炭鉱間4.7kmの専用鉄道が開通。夕張鉄道の運転管理のもとに石炭列車が運行され、従業員家族の足として電車も運行された。

一時期駅裏に「吉兆園」(温泉旅館・果樹園)が開業、行楽客で賑わったが、1971(昭和46)年11月15日 に旅客営業廃止、1975(昭和50)年４月１日 廃止となった。

戦後の建築で、廃止後も残っていた「大正モダニズム」を感じさせる駅舎は2023(令和５)年２月に、残念ながら解体された。

野幌から新二岐まではほぼ平地。ここから先の夕張本町方とは貨物列車のけん引定数も大きく異なった。貨車の解結を行うため広い構内を有しており、夕張から下りて来た石炭列車は、ここで２列車を１列車に編成して栗山や、野幌を目指した。

新二岐駅ホームから野幌方を見る。
1965年頃　P所蔵：栗山町開拓記念館

新二岐駅構内。当駅より角田炭砿専用鉄道(44頁参照)が分岐している時期があった。
1967年　P：石田　司

**■新二岐駅配線図**

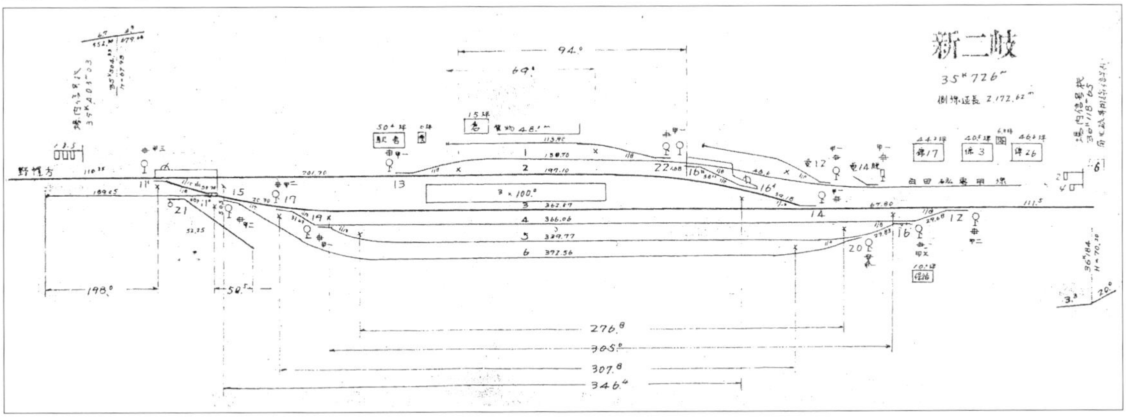

沿線随一の観光地として栄え、行楽客で賑わう錦沢駅。
1967年　P：石田　司

**●錦沢（にしきざわ・野幌起点43.3km）**

左手に角田炭鉱への専用線が分岐していき、阿野呂川の橋梁を渡ると、一線の沢に沿い錦沢への勾配が続く。列車は第一隧道（延長499m）を抜けて夕張市の市域に入る。夕張市は炭鉱閉山後、夕張メロンの栽培と観光に活路を見いだそうとしたが、2007（平成19）年に財政再建団体に指定され、人口も6,698人（2023.3末現在）と激減した。

第一隧道を抜けると今度は大蛇の沢に沿って登るが、床下から伝わってくるＤＭＨ17Ｃの唸りも心なしか高くなる。

沢をせき止めた池や、東屋が目に入ってくると、列車は停車し、今度は逆方向に動き出した。錦沢のスイッチバックである。駅舎のある二段目に入り、21形を先頭にした貨物128列車と交換する。

錦沢駅は1926（大正15）年10月14日に信号場として開業、「幽邃閑雅の地に位するを以って探勝のため、下車を希望する旅客多数」（駅昇格の理由書より）として信号場から駅に昇格し1927（昭和２）年９月１日に一般営業を開始した。

大蛇ノ澤にあることから、当初は大蛇ノ澤信号場として建設されたが建設中に名称が変更されている。1926（大正15）年８月26日付けの停留場及信号所名変更届（夕本外第263号）では何故か二岐→新二岐、大ノ澤→錦沢となっている。

錦沢駅は前後が、20‰の勾配が連続する山越え区間に位置した本格的三段式スイッチバックで、更に二段目の途中（6.7‰の勾配上）に駅施設がありスイッチバック式停車場としても珍しい構造であった。

旅客営業をしている頃には、炭鉱町の数少ない行楽地として駅周辺に釣堀や小動物園・遊園施設が設置され、市民の憩いの場として春は桜、秋は紅葉の名所として賑わい、時には花火大会も開催され夕張からだけでなく栗山・南幌方面からも臨時列車が運行された。

スイッチバックの途中にある錦沢駅に停車する気動車列車。
1963.8　P：中西進一郎

戦前の錦沢駅スタンプ。スイッチバックの様子が描かれている。
所蔵：奥山道紀

風光明媚な憩いの場所として行楽客で賑わう錦沢遊園地。
1966年頃　P所蔵：奥山道紀

遊具も多数置かれた錦沢遊園地は、子どもたちの楽園でもあった。
1970.8.3　P：伊藤保則

一.
ハアー　花の音信を霞にのせて
招くボンボリ君を待つ　一目千本　一目千本
桜名所の錦沢
二.
ハアー　チョイと気軽にジーゼルカーで
乗って楽しい飛行塔　空に夢見る　空に夢見る
かおる若葉の錦沢
三.
ハアー　共に手を取りスイッチバック
八十八ヶ所地蔵尊　ハイキングコースに　ハイキングコースに
唄う小鳥の錦沢
四.
ハアー　廻る木馬に緑の芝生
可愛い動物人気者　ボート遊びに　ボート遊びに
時を忘れる錦沢

1958(昭和33)年・「錦沢小唄」

錦沢遊園地の「遊らん回数券」。
所蔵：奥山道紀

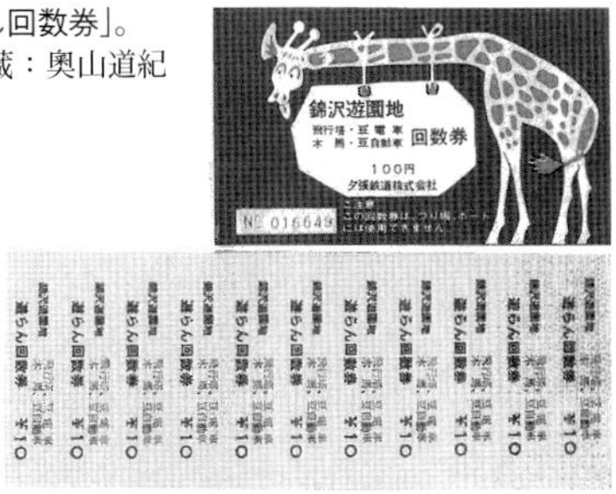


1971(昭和46)年にスイッチバック転轍機の自動進路設定装置新設により無人化されている。また、同年11月15日に旅客営業廃止、1975(昭和50)年4月1日に廃止となった。

鉄道廃止後、廃線跡はサイクリングロードとして整備されたが、現在はトンネルの老朽化により夕張市本町～平和間のみが利用可能で、錦沢周辺は訪れる人も少ない。また第一隧道付近では一部区間が改良された札幌夕張線の道路用地となっている。

## ■錦沢駅配線図

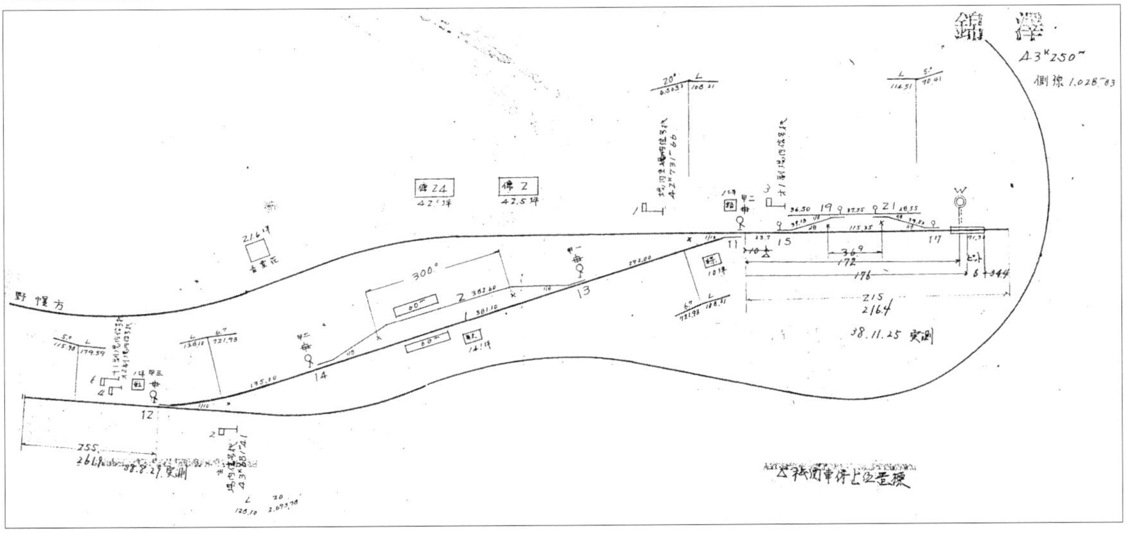

三段式スイッチバックを通って、上り貨127列車と下り20列車が錦沢駅へ向かう。　1967.5.10　P：石田　司

下り列車の待つ錦沢駅へ、夕張方からスイッチバックを経て降りてきた６両編成の気動車列車。
1960.11.5　P：堀　淳一

錦沢遊園地を描いた絵葉書。豆列車は当時最先端の東海道新幹線がモチーフ。
1964年頃　所蔵：奥山道紀

錦沢公園とスイッチバックを描いた絵葉書。
1955年頃　資料所蔵：夕張市石炭博物館

夕張方からの６両編成（DDTDTD）の気動車列車が、スイッチバック上段を下って錦沢駅ホームに入る。
1960.11.5　P：堀　淳一

短いホームと粗末な駅舎が特徴の平和駅。
1970.8.3　P：伊藤保則

平和駅ホームに停車中のキハ251ほか３両編成。
1967.3.5　P：荻原俊夫

**●平和（へいわ・野幌起点47.4km）**

錦沢を出て、再度進行方向を変え列車はスイッチバックとオメガループで高度を稼ぎ、第二隧道（延長152m）を抜け第三隧道（延長412m）で分水界を超える。

通称「鉄道の沢」に沿い勾配を下ると車窓から冷水山の中腹まで広がる学校や炭鉱住宅が見えてくる。

平和駅から第三隧道手前の（野幌起点）46.5km地点までの0.8kmは志幌加別川の河谷から抜け出すために上り石炭列車に後部補機がつく区間である。

列車が右手に90度回り込むと平和駅である。

平和は貨物駅として1938（昭和13）年８月１日開業。1939（昭和14）年から平和炭鉱が本格的な出炭を開始、1959（昭和34）年７月１日には客扱いも開始した。

平和炭鉱への専用鉄道（1.1km）が分岐し、1975（昭和50）年３月の閉山まで同鉄道の貨物輸送の中心をなした駅でもあるが、停車する旅客列車は限られ13Dは通過する。

「札幌から帰る途中で栗山から花嫁さんらしい一行が乗り込んだ。会話の内容から、はじめて夕張へあす嫁入りする旅だとわかった。親戚らしい中年の婦人が宵の窓外の風物や夕張の街の話をするのだが、娘さんはただうなずくだけ。錦沢近くにさしかかると日もとっぷりと暮れ、窓外は黒一色、結婚と未来の土地に対する不安をそそるのが寂しげに見えた。私もつい心情を察した。列車が若菜に抜け窓外一面にネオンのないヤマの灯が広がった時だった。「まあ、きれい」はじめて娘さんの口から嘆声がもれた。いかにも安堵に満ちた表情だった。『夕張は夜来て、朝帰る街』よく、こんなたとえを聞く。私は明日になっても、このお嫁さんのイメージがこわれないことと、幸せな奥さんになってほしいと祈らざるをえなかった」（夕張タイムス・S41.3.3 夕張市教育長　相沢　守）。

地元の新聞に掲載された文章だが、錦沢から平和・若菜にかけての光景が彷彿とされる。

1971（昭和46）年11月15日 に旅客営業廃止、1975（昭和50）年４月１日に廃止となった。

現在炭鉱住宅は公営住宅に改築され、炭鉱跡は運動公園として整備されている。

**●礦業所前（こうぎょうしょまえ・野幌起点48.2km）**

平和を出ると右手に分岐していく平和砿専用鉄道を見下ろしながら列車はオメガカーブで反転しながら勾配を登る。車窓に炭住街のパノラマが広がり平和橋梁と若菜陸橋で志幌加別川と道々夕張平取線を渡ると礦業所前駅である。

同停留所は鉱員の通勤用として1952（昭和27）年４月25日に停留所として開設、1960（昭和35）年７月１日に一般営業を開始した。1971（昭和46）年11月15日に廃止された。

**■平和駅配線図**

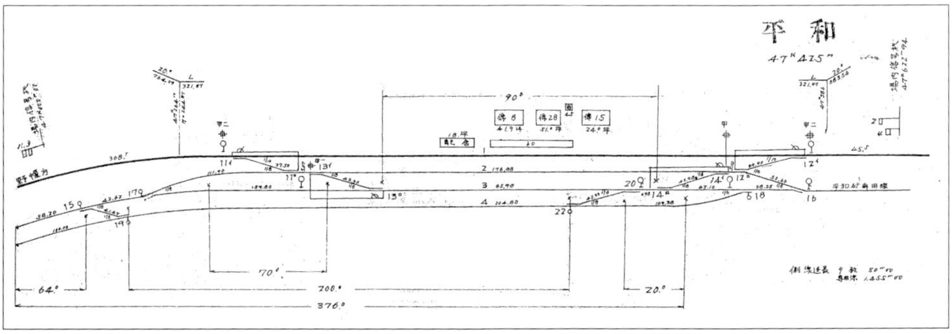

化成工業所からの貨物列車の前方に夕製前停留所のホームが見える。　1970年　P：伊藤保則

市内交通の結節点でもあった若菜駅。開業時から1954(昭和29)年までは若菜辺駅を名乗っていた。　1967年　P：石田　司

### ●夕製前(ゆうせいまえ・野幌起点48.8km)

さらに省線跨線橋で国鉄夕張線を跨ぎ、石炭からコークスやその副産品(ベンゾール・クレオソート等)を製造する北炭化成工業所、北炭の事業用機器や産業機械を製造する夕張製作所(後の北炭機械工業)の工場群の間を抜け、北炭化成専用線が右手から寄り添うと、夕製前駅である。

夕張製作所従業員の通勤用として1962(昭和37)年9月1日に開設された。

1971(昭和46)年11月15日夕張本町～栗山間旅客営業廃止に伴い廃止された。

北炭化成工業所跡には公営温泉施設が建設されたが、閉鎖され、現在はコークス炉の煙突だけがモニュメントとして保存されている。

礦業所前・夕製前は、ともに朝・夕の通勤列車だけが停車した。

### ●若菜(わかな・野幌起点49.1km)

若菜辺駅として1926(大正15)年10月14日に開業。1954(昭和29)年1月16日に若菜駅に改称した。付近には平和炭鉱の炭鉱住宅が広がり、バスターミナルも設置され市内各地へ向かうバスへの乗継ぎ駅でもあった。

石炭・コークス等を扱った北炭化成工業所専用鉄道(0.9km)と、鉱山・産業機械等を扱った、夕張製作所専用鉄道(0.4km)の接続駅でもあり、コークスの副製品である化成品輸送のため北炭所有のタンク車(タム3250形)の常備駅でもあった。

また小野炭鉱の石炭積出駅でもあった。

1971(昭和46)年11月15日旅客営業廃止、1975(昭和50)年4月1日 全線廃止に伴い廃止された。

ここからは左手に国鉄夕張線(後の石勝線支線)が寄り添い夕張本町に向かうが、JR北海道に継承された同線も2019(令和元)年4月に廃止された。

開業間もない頃の若菜辺駅。当時は駅舎も簡素であった。
1930年　P出典：全線完成記念写真帖(夕張鉄道発行)

■若菜駅配線図

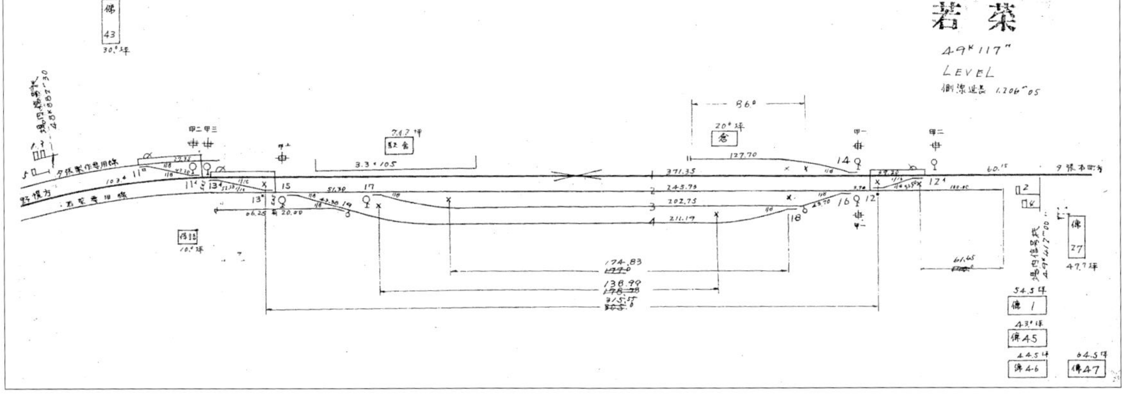

夕鉄共栄社の売店を兼ねた営林署前駅。戦後の1956(昭和31)年に開設されている。 1968年頃 P：石田 司

国鉄との共同使用であった鹿ノ谷駅舎。建物は簡素に改築されながらも現存する。 1972年 P：寺田牧夫

## ●営林署前(えいりんしょまえ・野幌起点50.1km)

営林署前駅は1956(昭和31)年8月11日に開設され、1971(昭和46)年11月15日夕張本町～栗山間旅客営業廃止に伴い廃止された。

夕鉄共栄社の売店を併設していた駅舎は現在も仏具店として、利用されている。

## ●鹿ノ谷(しかのたに・野幌起点51.1km)

列車は国鉄線に寄り添うように走り鹿ノ谷駅に到着する。構内には石炭貨車が多数停車し、蒸気機関車が入替えに忙しい。

国鉄夕張線との連絡駅でもあり、4・5番線ホームを使用している。また夕張駅に加え三菱大夕張・北炭真谷地等、清水沢・沼ノ沢駅等からの小樽港送りのセキ車も到着した。

機関区や検車区の他、駅前には本社も置かれ夕張鉄道の本拠地ともいえる。

周囲は北炭鹿ノ谷倶楽部の他、幹部職員の住宅が並び、付近の夕張北高校や夕張工業高校の通学生で賑わった。

石炭、コークス、坑木等を扱った新夕張炭砿専用鉄道(0.9km)や、その途中から分岐する北炭農林専用線が接続している。

お盆時期、野幌からの臨時客車列車が鹿ノ谷に到着。ここで最後部に補機を連結し、夕張本町まで最後の勾配に挑む。編成は蒸気機関車11号＋客車4両で、補機は12号。 1963.8 P：中西進一郎

夕鉄が使用していた鹿ノ谷駅の4・5番ホーム。貨物側線を含め広大な駅構内であった。1971年(昭和46年)11月以降は夕鉄としては貨物専業の終着駅であった。 1959年 P：安藤文雄

鹿ノ谷駅前に建っていた夕張鉄道本社。 1967年頃 P：石田 司

蒸気機関車と気動車で賑わう往時の鹿ノ谷機関区。　1967年　P：石田　司

鹿ノ谷は北海道炭礦鉄道の駅として1901(明治34)年12月1日に開業、夕張鉄道は1926(大正15)年10月14日に使用を開始した。

1971(昭和46)年11月15日夕張本町～鹿ノ谷間鉄道廃止、鹿ノ谷～栗山間旅客営業廃止。1975(昭和50)年4月1日全線廃止となった。国鉄・JR北海道の駅としても2019(平成31)年4月1日に廃止となった。

廃線後工場などとして使用された車両区(旧機関区)の建物も全て解体され、周囲に当時の面影はないが、鹿ノ谷駅舎が交流施設として活用。鹿ノ谷倶楽部が登録有形文化財として残されている。

夕張鉄道が開業した当初の鹿ノ谷駅構内。混合列車や貨車が停車し活況を呈している。　1930年　P出典：全線完成記念写真帖(夕張鉄道発行)

■鹿ノ谷駅配線図

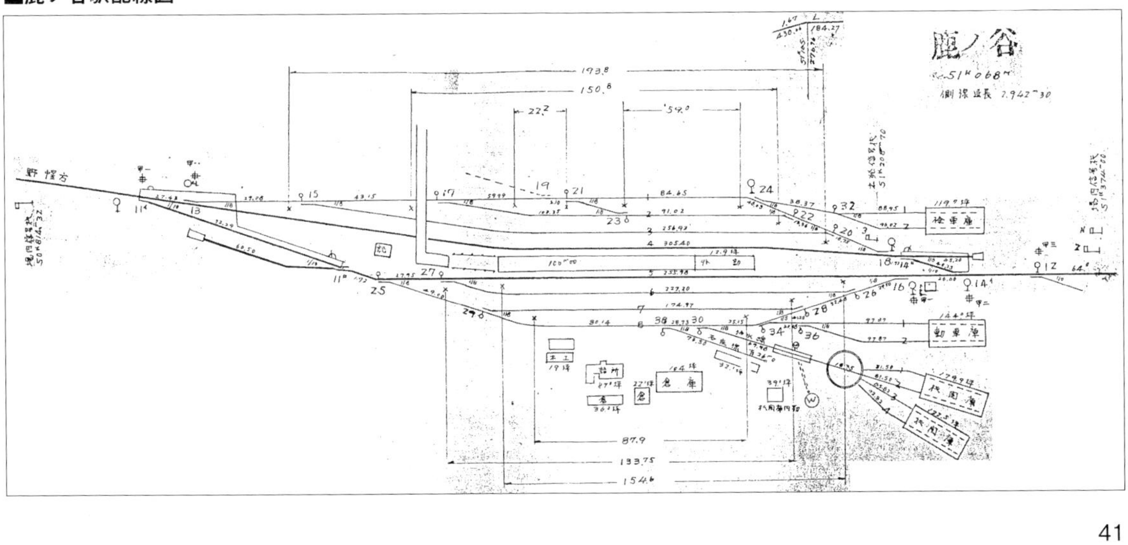

夕張の玄関口となっていた夕張本町駅。駅舎が併設された1963(昭和38)年築の夕張市民会館は建物が現存するものの、老朽化により閉鎖されている。
1967年　P：石田　司

**●末広**(すえひろ・野幌起点52km)

鹿ノ谷のホームを出て列車は志幌加別川の鉄橋を渡り、国鉄夕張線と並び22.7‰の本線最急勾配を登る。右手に新夕張炭鉱と北炭農林への専用鉄道が分岐して行く。勾配を登り切ると末広駅である。

1956(昭和31)年8月11日、炭住街の通勤用の停留所(1960年(昭和35)7月1日連絡運輸開始)として開業した。

1971年(昭和46年)11月15日夕張本町～鹿ノ谷間廃止に伴い廃止された。

末広駅から新夕張のズリ山に向かって歩くと　左側に生協や個人商店、集会所が建ち炭住街が広がっていたが、現在は市営住宅に建て替えられている。

また、近くには冷水山に開かれたスキー場の近代的なホテルと、廃止となった夕張駅舎(三代目)も建っている。

**●夕張本町**(ゆうばりほんちょう・野幌起点53.2km)

末広を出発し新夕張会館の横を通り過ぎ、冷水山の山腹に延びる新夕張炭鉱の輸車路の下に本町6丁目の町並みが広がると、定刻の11時01分に終着の夕張本町駅に到着した。

夕張本町駅は1963(昭和38)年10月完成の夕張市民会館の1階部分に入居しており、待合室はホームより一段低くなっている。石炭やコークス、アスパラ缶詰など特産品の展示が夕張を初めて訪ねる人の関心を集めている。

夕張の中心市街地は本町地区であり、北炭の事業地近くに位置する国鉄夕張駅(初代)より利便性は良い。

新夕張駅として1926(大正15)年10月14日に開業、1954(昭和29)年1月16日に夕張本町駅に改称された。木造の駅舎は1963年完成の市民会館の建設により役割を終えた。

**■夕張本町駅配線図**

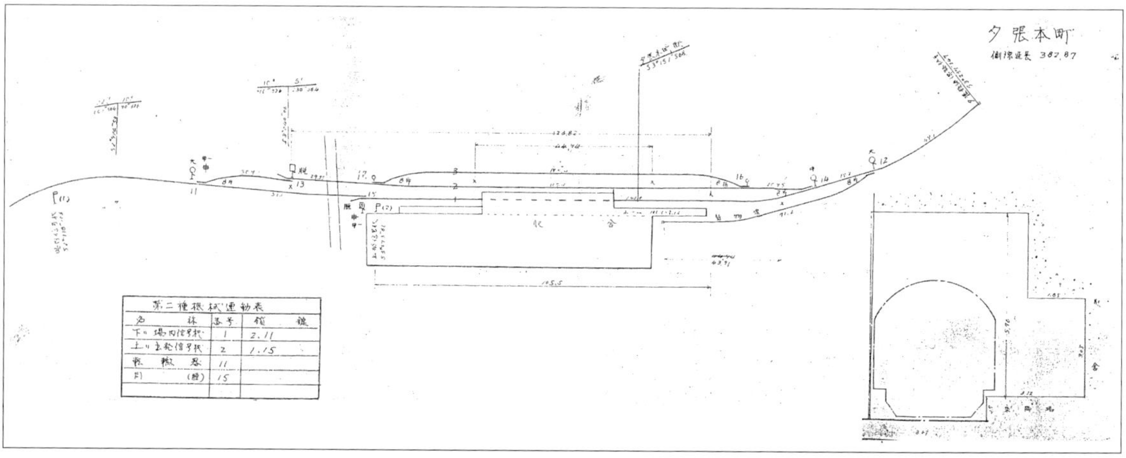

夕張最盛期の夕張本町駅。　1958年　P：安藤文雄

さらに奥の北炭の事業地に北炭夕張炭砿専用鉄道(4.2km)が延びており事業用資材の搬入の他、客車も運行された時期があった。専用鉄道は1951(昭和26)年６月に国鉄夕張駅接続に改められ、炭住街への連絡は駅前からのバスがその役目を担っている。

また、かつては近くに造り酒屋もあり、酒の仕込みのシーズンには醸造用アルコールを積んだタンク車も発着した。

1971(昭和46)年11月15日の栗山～夕張本町間廃止後、夕張市炭鉱資料館としてホーム部分に11形14とナハニフ151が展示されていたが、1980(昭和55)年の石炭の歴史村ＳＬ館開設に伴いホーム部分はシネサロン(映画館)、待合室はレストランに改修されたが、老朽化により現在建物は閉鎖されている。

炭鉱閉山により周囲の本町商店街にもかつての賑わいはない。

専用線が延びていた北炭の事業地には閉山後、夕張市石炭博物館を中心とする石炭の歴史村が建設されたが、財政破綻により遊戯施設など大部分の施設は閉鎖された。

新夕張駅として開業当時の駅舎。戦後の1954(昭和29)年になって夕張本町駅に改称している。　1926年頃　P所蔵：夕張市石炭博物館

新夕張駅当時の駅スタンプ。　所蔵：奥山道紀

角田炭砿専用鉄道の事務所前に停車する車両。旭川市街軌道より購入した２軸のポール電車であった。
1959.9.6　P：星　良助

## 3．接続する専用鉄道・専用線

夕張鉄道はその生い立ちから、北炭の事業地内等へ多くの専用鉄道・専用線を分岐していた。その概要は下記の通りである。

**●北海鋼機専用線**

・北海鋼機前駅接続（北海鋼機前駅～工場　0.5km）
・運輸開始　1964（昭和39）年９月14日
・廃止　1987（昭和62）年３月12日

夕張鉄道線廃止後は北海鋼機（株）が野幌～北海鋼機前間を譲り受け、野幌～会社工場間1.5kmが運行された。

**●北海道炭礦汽船（株）継立専用鉄道**

・継立駅接続（継立～採取場　1.07km）
・運輸開始 1927（昭和２）年１月７日
・廃止　1933（昭和８）年４月20日

坑内充填用火山灰の採取線として使用開始。機関車は7150（大勝号）や５（旧1181　ボールドウィン・1900年製）が活躍。火山灰充填廃止に伴い廃止となった。

５は機関庫で保管され、客車運輸の再開に伴い1940（昭和15）年１月北炭真谷地専用鉄道に転じた。

**●角田炭砿（株）専用鉄道**

・新二岐駅接続（新二岐駅～角田坑　4.7km）
・運輸開始　1934（昭和９）年４月１日
・廃止　1970（昭和45）年

1905（明治38）年８月二股炭礦馬車鉄道（株）から石炭採掘の権利を譲り受けた北炭は永らく二岐炭鉱として請負方式で操業を続けたが1927（昭和２）年に角田坑と改称、1933（昭和８）年には直営として夕張礦所属の角田坑とした。

これに合わせ坑内外の施設の整備が行われ、「弊社二於テ夕張礦角田坑採掘石炭輸送ノ目的ヲ以テ左記ノ通リ専用鐵道敷設致度候二付御免許被成下度関係圖書相添此段申請候也」と北海道炭礦汽船北海道支店より鉄道大臣宛専用鉄道敷設免許申請がなされ、1934（昭和９）年１月31日専用鉄道敷設免許（監第259号）を得、４月１日に石炭搬出のため新二岐～角田坑間4.7kmの専用鉄道が開通（外第261号）し、夕張鉄道の

**■角田坑専用線 配線図**

出典：『夕張鉄道 停車場平面略図』昭和38年調査　資料所蔵：渡部　洋

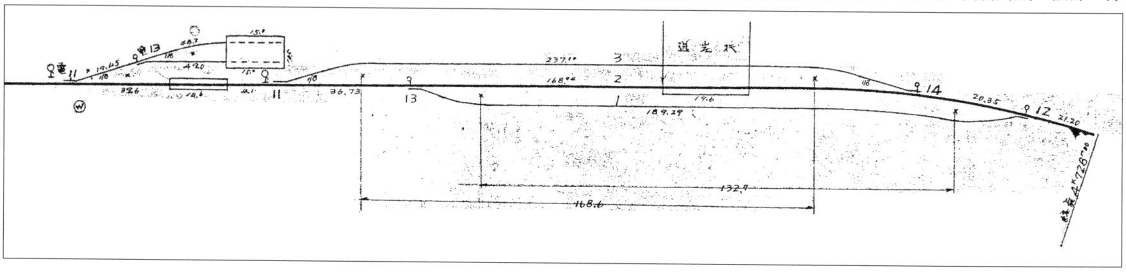

運転管理のもとに石炭列車運行が行われた。また他に交通機関がない山間僻地のため夕張鉄道から客車を借入れ、便乗扱いで客車の運行も行われた。

角田炭砿専用鉄道の終端地点。電車の車庫はすでになく、石炭積込のポケットが建っていた。 1970年頃 P所蔵：栗山町開拓記念館

しかし客車では運行本数も少なく、児童・生徒の通学にも不便なため、1949(昭和24)年5月には旭川市街軌道より2両の半鋼製低床式2軸電車(L14004・14005、1929年・川崎車両製)を導入・運行を開始し「駅前」「日の出小学校前」「火葬場前(臨時)」「地蔵前(後の松原前)」「職員浴場前(後の社宅前)」「礦事務所前」の停留所を置いた。

電車の運行は角田礦があたり、運転管理者の夕張鉄道と協議のうえ運行がなされ、女性車掌が「事故の際には補償はしない」旨記された整理券(5円)を発行し活躍した。

石炭輸送は当初はコッペル1・2による石炭列車が3往復運行されていたが、その後は11形・21形が入線するようになり1～2往復した。

角田礦は1954(昭和29)年7月北炭より分離独立し角田炭礦(株)新二岐礦となり、専用鉄道も譲渡された(鉄監第517号)。

1965(昭和40)年2月には電車1両を焼失、6月より夕鉄バスの乗り入れにより電車の運行は廃止された。夕張鉄道により行われていた石炭の搬出も1970(昭和45)年4月の同鉱閉山により皆無となり専用鉄道も同時に廃止となった。

電車の乗り場「駅前」は夕張鉄道の駅舎から離れ、粗末な待合室と小さなホームがあるだけである。

専用鉄道は阿野呂川沿いに角田礦を目指すが、夕張鉄道は支流の富野川沿いに錦沢へ上っていく。電車は夕張への道道と交差し、直ぐに「小学校前」の小さなホームに停車する。炭鉱からの学童の為に設置された停留場で朝夕の通学時には元気な学童たちで賑わう。沢沿いに農地を進み二岐共同墓地が見えると臨時停留所の「火葬場前」である。近隣の農家の為に設置された「松原前」を過ぎ15～20‰の勾配を進むとやがて炭鉱住宅街が現れ「職員浴場前」(社宅前)である。

終点の「礦事務所前」と電車の車庫は角田炭礦のポケット手前に位置し、不等辺三角形の「ずり山」が炭鉱の街を象徴している。

廃線跡は一部が道路に転用されているが、大部分が町道に沿って残っている。炭鉱周辺は自然に還りつつあるが「ずり山」の残骸とコンクリートのポケット基礎が、そこに炭鉱があった事を示している。

下校する児童で賑わう角田炭砿専用鉄道・学校前停留所。女性車掌がホームに立っている。
1965年
P所蔵：栗山町開拓記念館

平和炭砿専用鉄道より夕張鉄道平和駅構内へ、石炭車セキを押し上げる入換シーン。　1970.8.3　P：伊藤保則

北炭化成専用線で活躍する夕張鉄道12号機。
1973.6　P：伊藤保則

### ●北海道炭礦汽船(株)平和砿専用鉄道

・平和駅接続(平和駅〜平和坑　1.1km)
・運輸開始　1938(昭和13)年８月１日
・廃止　1975(昭和50)年４月１日

### ●北海道炭礦汽船(株)化成工業所専用鉄道

・若菜駅接続(若菜駅〜化成工業所　1.0km)
・運輸開始　1936(昭和11)年５月１日

夕張鉄道線廃止後は1978(昭和53)年４月の廃止まで、夕張運送(株)により夕張鉄道線鹿ノ谷〜若菜間を含む鹿ノ谷〜化成工場間2.8kmが運行されていた。

### ●(株)夕張製作所専用鉄道

・若菜駅接続(若菜駅〜夕張製作所工場0.4km)
・運輸開始　1940(昭和15)年２月27日
・廃止　1971(昭和46)年

### ●新夕張炭鉱(株)専用鉄道

・鹿ノ谷駅接続(鹿ノ谷駅〜熊の沢　0.9km)
・運輸開始　1909(明治42)年11月６日
・廃止　1972(昭和47)年。

途中で北炭農林へ側線を分岐。また夕張コークス(株)の製品積込用の木造ホッパーも在った。開通時は熊の沢専用鉄道と呼ばれた。

新夕張炭鉱専用鉄道にて、蒸気機関車６号がセキを牽き出す。炭鉱住宅が連なる。　1958年　P：安藤文雄

### ■平和礦専用線配線図

出典：『夕張鉄道停車場平面略図』 昭和38年調査　資料所蔵：渡部　洋

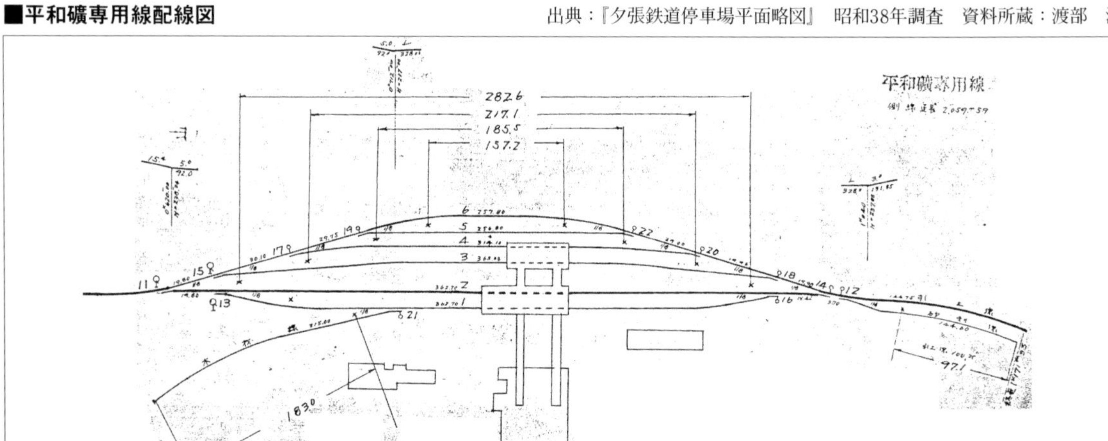

**■新夕張礦専用線 配線図**　　出典：『夕張鉄道 停車場平面略図』昭和38年調査　資料所蔵：渡部　洋

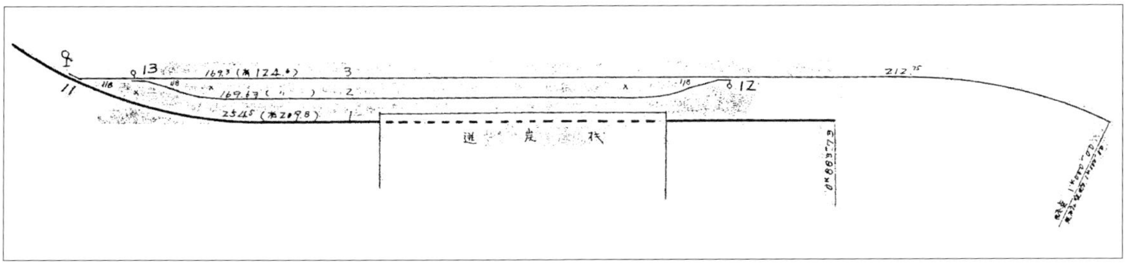

鹿ノ谷駅から分岐した新夕張炭鉱専用鉄道の途中にあったコークス積込用のホッパー。　1971.3.22　P：片岡俊夫

## ●北海道炭礦汽船(株)夕張炭砿専用鉄道

- 新夕張駅接続(新夕張～夕張丁未　4.2km)
- 運輸開始　1927(昭和２)年１月８日
- 廃止　1951(昭和26)年12月１日

坑内充填用火山灰と炭鉱用資材輸送を目的とした専用鉄道。

「本工事の爲特に運搬路の建設を要す。その経路を略述すれば夕張鉄道引込線より物資取卸用の支線を設け、之に連絡するに平均勾配20度、最高勾配25度、斜距離650mの巻揚路を以ってし、之に80馬力の複胴巻揚機を設置す」(『夕張礦奥部竪坑開鑿工事に就いて』北海道炭礦汽船1943.9.15)とあるように、1940(昭和15)年１月着工の奥部竪坑建設工事の資材搬入も、この専用鉄道を介して行われた。

また、中間の社光・高松に乗降場が設けられ、従業員輸送を行ったこともある。

「昭和十二年四月改正列車運転時刻表」によると夕張鉄道線と直通で運行されており、専用線に入る列車は新夕張で後部に機関車を付け替えて推進運転され、専用線内の乗降は積込まれた梯子で行われたと言う。

1948(昭和23)年に角田炭砿専用鉄道と同様に、新夕張～高松間の電化を認可申請して旭川市街軌道より電車２両を購入したが、資金難により計画中止となった。

1951(昭和26)年に国鉄夕張駅接続の請願側線に変更、専用鉄道としては廃止された。高松跨線橋が登録有形文化財として残されている。

新夕張炭鉱専用鉄道　新夕張炭鉱のポケット。
1960年頃　P所蔵：夕張市石炭博物館

新夕張駅から先に延びていた北炭夕張炭鉱専用鉄道。
1939年　P所蔵：夕張市石炭博物館

# おわりに

今では「夕鉄バス」の名で親しまれている夕張鉄道。

会社の創立は1924(大正13)年1月19日で、2024(令和6)年1月に創業100年を迎えた。

沿線人口減少や運転手不足等により、バス業界も苦境にあるが、夕張鉄道の地元となる夕張市石炭博物館では、2024年4月20日(土)より創業100を迎えた「夕張鉄道」をテーマとした企画展を開催する(詳細は下記の同館のwebサイト参照)。

また、国鉄との連絡駅であった旧鹿ノ谷駅舎も観光客の交流スペースとして昨夏より不定期で公開されている。

本書に引き続きRM LIBRARY286巻の車両編では、同鉄道で石炭輸送に活躍し、ヤマ(炭山)の人々の足となった蒸気機関車・ディーゼル機関車・気動車・客車・貨車等の多彩な車両を解説する。なお参考文献等は次巻にて掲載する。

**奥山道紀**

○夕張市石炭博物館(北海道夕張市高松7番地)
電話　0123-52-5500
https://coal-yubari.jp

錦沢の3段式スイッチバックを行く気動車列車。
1955.7　P所蔵：岡垣幸一